Moderne Wirtschaftsgestaltungen

Veröffentlichungen
des Kölner Museums für Handel und Industrie

herausgegeben von

KURT WIEDENFELD

Heft II

Die Ruhrhäfen, ihre Industrie und ihr Handel

Von

Dipl.-Handelslehrer JOH. KEMPKENS
D. H. H. C.

Bonn 1914
A. Marcus & E. Webers Verlag
Dr. jur. Albert Ahn

Die Ruhrhäfen, ihre Industrie und ihr Handel

Von

Dipl.-Handelslehrer Joh. Kempkens
D. H. H. C.

Bonn 1914
A. Marcus & E. Webers Verlag
Dr. jur. Albert Ahn

Buchdruckerei Hch. Ludwig, Bonn

Inhalt.

Verzeichnis der benutzten Quellen.

Averdunk: Die Duisburger Börtschiffahrt. Duisburg 1905.

Beck: Geschichte des Eisens. Bd. III, IV, V, VI.

van der Borght: Die wirtschaftliche Bedeutung der Rheinseeschiffahrt. Köln 1892.

Bonikowski: Der Einfluß der industriellen Kartelle auf den Handel in Deutschland. Jena 1907.

Borgius: Mannheim und die Entwickelung des südwestdeutschen Getreidehandels. I und II. Freiburg i. Br., Leipzig und Tübingen 1899.

Denkschrift des Bergbaulichen Vereins Dortmund: Die wirtschaftliche Entwickelung des niederrheinisch-westfälischen Steinkohlenbergbaues in der 2. Hälfte des 19. Jahrhunderts. Bd. I.

Duisburg am Rhein: Führer durch Duisburg. 1911.

Eckert, Chr.: Die deutsche Rheinschiffahrt im 19. Jahrhundert. Leipzig 1900.

Einecke: Eisenerzbergbau und Eisenhüttenbetrieb an der Lahn, Sieg und Dill. Jena 1907.

Führer durch die Ruhrhäfen. Ruhrort 1908.

Festschrift zur Feier der Erhebung Hamborns zur Stadt. 1911.

Gehrke: Die neuere Entwickelung des Petroleumhandels in Deutschland. Tübingen 1906.

Goecke Fedor: Der Duisburger Hafen 1826—1888.

Glückauf Nr. 34. Jahrgang 1911.

Goldstein: Die Entwickelung der deutschen Roheisenindustrie seit 1879 (Verhandlungen des Vereins zur Förderung des Gewerbefleißes 1908).

Gothein: Die Schiffahrt der deutschen Ströme (Schriften des Vereins für Sozialpolitik, Bd. 101).

Greve: Die Kanalisierung der Ruhr von Wetter bis Ruhrort. Berlin 1887.

Die Gutehoffnungshütte: Festschrift zur Feier des 100jährigen Bestehens. 1910.

Handelskammerbericht Duisburg 1832—1905.

Handelskammerberichte Ruhrort 1898—1905.

Handelskammerberichte der vereinigten Handelskammern Duisburg und Ruhrort 1906—1912.

Handelskammerberichte Mülheim-Ruhr 1840—1870.
Henz: Der Ruhrstrom und seine Schiffahrtsverhältnisse. Essen 1840.
Heymann: Die gemischten Betriebe im deutschen Großeisengewerbe. Stuttgart und Berlin 1904.
Industrielle Rundschau. Zeitschr. für Industrie und Handel. II. Jahrgang. 2. Oktober-Heft. Berlin 1899.
Jahresberichte der Rheinischen Eisenbahn 1845—1850.
Jahresberichte der Zentralkommission für die Rheinschiffahrt 1860—1912.
Jöhlinger: Die Praxis des Getreidegeschäftes an der Berliner Börse. Berlin 1910.
Jöhlinger: Die Technik des rheinisch-westfälischen Getreidehandels. Zeitschr. f. handelswissenschaftl. Forschung. 1906/07.
Jöhlinger: Getreidekontrakte. Schmollers Jahrbuch 1907.
Kollmann: Der deutsche Stahlwerksverband. Berlin 1905.
Marchet: Der Holzhandel Norddeutschlands. Leipzig und Wien 1908.
Mohr: Der Großbetrieb in der Getreidemüllerei. Berlin 1899.
Münker: Denkschrift zur Hundertjahrfeier der Stadt Mülheim-Ruhr. 1908.
Nasse: Die Rhein- und Ruhrhäfen. Schriften des Vereins f. Sozialpolitik.
Neubaur: Matth. Stinnes und sein Haus. Festschrift zur Hundertjahrfeier des Hauses Stinnes.
Neumeister: Die natürlichen Grundlagen der Eisenindustrie. Schmollers Forschungen, Heft 150.
Ottmann: Die Duisburg-Ruhrorter Häfen. Denkschrift, herausgegeben im Auftrage des Ministeriums der öffentl. Arbeiten 1908.
Polster: Zur Geschichte und Entwickelung des Kohlenhandels.
Müller: Raport Consulaire sur l'année 1908—1911 (Rotterdam).
Die Rosiny-Mühlen A. G. (ohne Verlag).
Der Ruhrorter Hafen, seine Entwickelung und Bedeutung, bearbeitet durch den Wasserbauinspektor in Ruhrort, 1902.
Scherbak: Überseeischer Maschinenexport. Berlin 1910.
Schumacher: Wanderungen der Großindustrie in Deutschland und in den Vereinigten Staaten. Schmollers Jahrbuch 1910.
Schumacher: Die Getreidebörsen in den Vereinigten Staaten. Conrads Jahrbücher f. Nat. und Statistik 1896.
Schmid: Der süddeutsche Holzhandel. Mannheim und Leipzig 1909.
Shipping Marks on Timber. William Rider & Son. London 1907. (Erscheint jedes Jahr.)
Sonndorfer: Die Technik des Welthandels. Wien und Leipzig 1905.
Sonndorfer: Der internationale Kohlenhandel. Wien 1910.

Spaltowski: Die Versorgung der deutschen Hochofenindustrie mit Eisenerz. Greifswald 1909.
Stahl und Eisen 1907. Nr. 41: Die Friedrich Alfredhütte.
Stubmann: Holland und sein deutsches Hinterland in ihrem gegenseitigen Warenverkehr. Jena 1901.
Verwaltungsberichte der Stadt Duisburg 1885—1910.
Verwaltungsberichte der Gemeinde Hamborn 1900—1905.
Wiedenfeld: Der deutsche Getreidehandel. Conrads Jahrbücher für Nat.-Ök. u. Stat., 1893 u. 1894.
Wiedenfeld: Getreidehandel. Handwörterbuch der Staatswissenschaften, Bd. IV, 1909, und Wörterbuch der Volkswirtschaft (3. Aufl.), Bd. I, 1911.
Wiedenfeld: Wesen und Wert der Zentralproduktenbörsen. Leipzig, 1903.
Wiedenfeld: Die nordwesteuropäischen Welthäfen in ihrer Verkehrs- und Handelsbedeutung. Berlin, 1903.
Wiedenfeld: Das Persönliche im modernen Unternehmertum. Leipzig, 1911.
Wiedenfeld: Das Rhein.-Westf. Kohlensyndikat. (Moderne Wirtschaftsgestaltungen, Heft 1) Bonn, 1912.
Zentralblatt der Bauverwaltung. Berlin, W. Ernst u. Sohn. Jahrgänge 1895, 1896, 1907.
Rheinisch-Westfälische Zeitung 1909/1910. Rhein- und Ruhrzeitung 1909/1910. Düsseldorfer General-Anzeiger 1909/1910.

I. Die Entwickelung der Häfen.

1. Die einzelnen Hafenteile und die Besitzverhältnisse.

Unter der Bezeichnung „Ruhrhäfen" pflegt man eine Vielheit von Ladungstellen zusammen zu fassen, die sich sowohl nach ihren Eigentumsverhältnissen als auch nach ihrer technischen Gestaltung erheblich voneinander unterscheiden. Eigentliche Hafenbecken, die dem preußischen Staate gehören, finden sich dort mit solchen der Stadt Duisburg und einiger großer Werke zusammen; hierzu treten noch jene Ladestellen, die am Ufer des Rheines einfach in den Strom hineingebaut sind. Sie alle werden zusammengehalten durch die wirtschaftlichen Aufgaben, denen sie in gegenseitiger Ergänzung zu dienen bestimmt sind: die Bewältigung eines Massengüterverkehrs, wie er gleich konzentriert bei keinem Binnenhafen Europas sich wiederfindet.

Diese Häfen und Ladestellen reichen von Rheinkilometer 272 bis 291 oder von Rheinhausen bis Walsum und liegen ungleichmäßig rechts und links des Stromes verteilt [1]). Von Süden nach Norden angeordnet, folgen auf der rechten Rheinseite: der Hochfelder Hafen, der Duisburger Hafen (Innen-, Außen-, Parallelhafen), der Ruhrorter Hafen (Alter-, Schleusen- [2]), Nord-, Süd-, Kaiserhafen, Hafenkanal, Becken A, B, C), der Ruhrorter Eisenbahnhafen, der Hafen Alsum, der Hafen Schwelgern und der Hafen Walsum. Auf der linken Rheinseite liegen der Hafen

1) Vgl. die Karte am Schluß des Buches.

2) Der Schleusenhafen wird jetzt zugeschüttet, um eine direkte Straßenverbindung zwischen den Stadtteilen Alt-Duisburg und Ruhrort herzustellen, gleichzeitig wird der „Alte Hafen" zu einem Hafenkanal nach dem Nord- und Südhafen erbreitert.

Rheinhausen, der Hafen Rheinpreußen und der Homberger Eisenbahnhafen, der aber seit dem Bau der Ruhrort-Homberger Rheinstraßenbrücke keine nennenswerte Bedeutung mehr hat.

An Ladestellen sind rechts des Rheines vorhanden 1. das Duisburger Rheinufer mit den Ladestellen der Firmen W. Brüggmann und Sohn, Fr. Curtius u. Co., H. Elskes, Eisenwerk Kraft A. G. vorm. Rheinische Bergbau und Hüttenwesen A. G., C. Heckmann A. G., H. I. Vygen und Co., Gebr. Rigaud, M. Zietschmann, Duisburger Kupferhütte A. G., A. G. für Eisenindustrie und Brückenbau vorm. Joh. Kasp. Harkort, Gelsenkirchener Bergwerks A. G. Abt. Schalker Gruben- und Hüttenverein „Vulkan“; 2. die Ladestelle der A. G. für Bergbau und Hüttenbetrieb Phönix in Duisburg-Laar; 3. die Werftanlage der Stadt Hamborn; 4. die Ladestelle der A. G. für Maschinenpapierfabrikation Aschaffenburg in Walsum. Auf der linken Rheinseite befinden sich dann noch 1. das Homberg-Essenberger Rheinufer mit den Ladestellen der Gewerkschaft Sachtleben, Stellawerk A. G. vorm. Wielisch u. Co., Joh. Küppers Söhne, Stock und Hausmann, A. Hadtstein; 2. das Rheinwerft Orsoy des Kreises Mörs.

Nach den Besitzverhältnissen lassen sich 2 Gruppen bilden: Häfen und Werftanlagen öffentlich rechtlicher Körperschaften und Häfen sowie Ladestellen privater Unternehmungen. Die Ladestellen befinden sich mit Ausnahme von Hamborn und Orsoy im Besitze der angeführten angrenzenden Betriebe und dienen nur derem eigenen Empfang und Versand. Von den Privat- oder Werkshäfen gehören der Hafen Rheinhausen der Krupp'schen Friedrich Alfredhütte, die Häfen Alsum und Schwelgern der Gewerkschaft Deutscher Kaiser (Aug. Thyssen), der Hafen Walsum der Gutehoffnungshütte Aktienverein (Haniel), der Hafen Rheinpreußen der Gewerkschaft Rheinpreußen (Haniel).

Von den öffentlichen Häfen sind der Hochfelder Hafen

und der Ruhrorter Eisenbahnhafen im Besitze der preußischen Staatseisenbahnen, die Duisburger Häfen sind Eigentum der Stadt, die Ruhrorter — des Ruhrschiffahrtsfonds, der aber keine eigene Rechtspersönlichkeit, sondern nur die Eigenschaft eines besondern Staatsfonds hat. Für die beiden letzten Gruppen ist seit 1905 eine gemeinsame staatliche Verwaltung gebildet, der seit 1911 auch die beiden erstgenannten öffentlichen Häfen unterstellt worden sind.

An Ausdehnung sind die öffentlichen Häfen den Werkshäfen (die Ladestellen nicht eingerechnet) weit überlegen. Jene weisen 185,90 ha, diese nur 26,75 ha Wasserfläche auf [1]). In den öffentlichen Häfen beträgt die gesamte nutzbare Uferlänge 42,00 km und die Länge der Gleisanlagen 265 km.

Zeitlich entstand der Ruhrorter Hafen zuerst, und zwar erfolgte seine Gründung 1715—1735, entsprechend der damaligen merkantilistischen Zeitrichtung, durch den Staat. Dagegen ist die Entstehung des Duisburger Hafens (1833) auf die Betätigung eines starken Bürgersinnes zurückzuführen; er sollte ganz im Gegensatz zu Ruhrort nicht an erster Stelle in den Dienst des Massengüterverkehrs gestellt werden, vielmehr dem Verkehr in hochwertigen Kaufmannsgütern, dem Zwischenhandel in holländischen Kolonialwaren sowie der Spedition bergischer und märkischer Eisenfabrikate dienen. Der in den Jahren 1867—1874 von der Rheinischen Eisenbahngesellschaft erbaute und schon 1869 in Betrieb genommene Hochfelder Hafen hatte den Zweck, den rechtsrheinischen Linien der Gesellschaft Verkehr zuzuführen und den Kohlenbezug zu erleichtern. Der Ruhrorter Eisenbahnhafen wurde 1849/50 von der Köln-Mindener Eisenbahngesellschaft erbaut und diente wie der gegenüberliegende Homberger Eisenbahnhafen dem Verkehr der Eisenbahnfähre.

---

1) Bericht der Zentr.-Com. f. d. Rheinschiffahrt 1909.

Die Ruhrorter Hafenanlagen sind zuerst in größeren Zeitabständen, dann aber verhältnismäßig schnell erweitert worden. 1820—1825 wurde die alte Ruhrschlenke von 1 ha Fläche zum Alten Hafen mit 6,8 ha Fläche umgestaltet, 1837—1842 folgte der Bau des Schleusenhafens, wodurch die Wasserfläche 11,7 ha erreichte, 1860—1868 wurden der Nord- und Südhafen angelegt, so daß jetzt 29,3 ha Wasserfläche zur Verfügung standen. Gleich nach dem französischen Kriege begann der Bau des Kaiserhafens (1872—1890), der die Wasserfläche auf 51,3 ha brachte, 1903—1907 wurden dann die neuesten Hafenbauten, die Becken A, B und C mit dem Hafenkanal vollendet, und damit ist die Wasserfläche auf 112 ha gestiegen. Der Duisburger Hafen wurde zunächst durch den Rhein-Ruhrkanal-Aktienverein als Außen- und Innenhafen ausgebaut. 1889 wurden die Anlagen von der Stadt übernommen, die von 1889—1895 den Innenhafen zeitgemäß erweiterte und 1895—1898 den Parallelhafen schuf, wodurch die Wasserfläche 42,5 ha erreichte.

Der gesamte Hafenverkehr betrug 1860 in Ruhrort und Duisburg 2 432 348 t, bis 1875 war er einschl. Hochfeld erst auf 2 839 554 t gestiegen. Dagegen wiesen die öffentlichen Häfen 1890 einen Verkehr von 6 175 031 t, 1900 einen solchen von 12 429 194 t, 1910 aber 18 950 711 t und 1912 sogar 22 302 912 t auf.

2. Die Verkehrsentwickelung im allgemeinen[1]).

Für den Ruhrorter Hafen, als dem Endpunkte der seit 1772 planmäßig verbesserten Ruhr, bildete der Fluß ursprünglich die wichtigste Zufuhrstraße, die ihm aus dem unmittelbar anschließenden Bergbaugebiete erhebliche Mengen Kohlen heranbrachte. Mit den abseits der Ruhr gelegenen Zechen verbanden ihn dagegen mehrere Wege, die in den 30er Jahren des vergangenen Jahrhunderts zu festen Kunststraßen ausgebaut wurden; so die 1833/34 her-

1) Vgl. Tab. 1 (S. 111) und das Diagramm am Schluß des Buches.

gestellte Straße Mülheim-Duisburg und die 1839 angelegte Mülheim-Borbecker Aktienstraße. Von 1847 an kamen dann noch die Eisenbahnen hinzu, und sie wurden rasch so bedeutungsvoll, daß schon im Jahre 1850 nach Ruhrort nur 24 824 t Kohlen auf den Landstraßen, dagegen 66 544 t auf dem Schienenwege — allerdings 337 643 t auf der Ruhr — kamen. Von 1858 ab wird keine Kohle mehr auf den Landstraßen herangebracht. Im Jahre 1861 wird auch die auf der Ruhr verfrachtete Kohlenmenge zum ersten Male von den Eisenbahntransporten überholt; seit 1889 ist die Schiffahrt vollständig tot. Der Schienenweg hat sich als der Träger der ganzen Entwickelung umso mehr entfaltet, als er mit vollkommener Regelmäßigkeit und klimatischer Unabhängigkeit benutzt werden kann, und als der Kohlenbergbau immer weiter nach Norden, von der Ruhr fort, sich ausgedehnt hat. Die neuen Pläne, nach denen die Ruhr wieder schiffbar gemacht werden und Mülheim einen Hafen erhalten soll, verfolgen einen andern Zweck: nicht die Abfuhr der Kohlen, sondern die Zufuhr der von der Eisenindustrie benötigten Rohstoffe soll die vornehmste Aufgabe der zu kanalisierenden Ruhr sein.

Mit den Eisenbahnen beginnt recht eigentlich erst der gegenseitige Kampf der Häfen, da sich jetzt die Möglichkeit bietet, ohne Rücksicht auf die natürliche Lage den Einflußbereich auszudehnen; denn drei Gesellschaften verbanden das Hafengebiet mit dem Montanbezirk: die Köln-Mindener Bahn, die in Duisburg 1848 eine eigene Ladungsstelle besaß; die Bergisch Märkische Bahn mit einem 1862 erreichten Wasseranschluß in Duisburg, und schließlich die Rheinische Bahn mit ihrem Hafen Hochfeld. Sie alle suchten selbstverständlich ihren Linien und damit dem ihr angeschlossenen Rheinhafen durch Tarifunterbietungen auf der einen, hohe Übergangsgebühren auf der andern Seite Verkehr zuzuführen. Und jetzt fingen auch die Häfen selbst an, in der Schaffung günstiger Umschlagsbedingungen sich gegenseitig zu überbieten. So hat namentlich Duisburg, um dem Hochfelder Hafen entgegen zu arbeiten, alles Mögliche getan, um neue Industriezweige an den Hafen zu fesseln und ihm so eine breitere Verkehrsbasis zu geben. Da überließ man u. a. 1869 und 1870 zwei Holzfirmen auf 36 Jahre mietweise geeignete Plätze; man legte den Rückfrachten mehr Wert bei und schuf ein Dampfkranwerft für die Spedition; auch dem Getreideverkehr wurde erhöhte Aufmerksamkeit geschenkt. Und Duisburg hat denn auch durch seine weitsichtige Ansiedlungspolitik in der Folgezeit in Holz und Getreide sich eine Stellung errungen, die von Ruhrort auch nicht annähernd eingeholten worden ist. Erst die 1905 abgeschlossene Interessengemeinschaft hat einen Stillstand in den gegenseitigen Anstrengungen gebracht und die Festlegung neuer bedeutender Mittel verhindert, die auf Jahre hinaus eine entsprechende Rente kaum hätten erbringen können.

Haben so die Eisenbahnen die Häfen groß gemacht, so sind sie doch auch ihre schärfsten Konkurrenten geworden. Durch die am Rhein entlang führenden Längsbahnen wurde der Kohlentransport nach dem Mittelrhein fast ganz von der Wasserstraße abgezogen; was übrig blieb, waren die Mengen der Verbraucher, die unter besonders günstigen Verhältnissen zu Wasser beziehen konnten. Dagegen ging der Versand nach dem Oberrhein in den 70er Jahren zwar auch zurück; mit der zunehmenden Verbesserung der Schiffahrtstechnik fielen aber die Kohlentransporte nach dem Oberrhein, von schlechten Wasserständen und Hochwasser abgesehen, wieder der Schiffahrt zu. In umgekehrter Richtung wirkten Tarifmaßnahmen (1893 Ausnahmetarif für Minette, 1886 Notstandstarif für Eisenerz von der Lahn, Dill und Sieg und der Tarif für Eisenerz 1901) hemmend auf den Hafenverkehr in Eisenerz. Die Benutzung des Wasserweges für die Verschiffung von Eisenerzen war nur dann vorteilhaft, wenn Versand- und Empfangsort unmittelbar am Wasserwege lagen. Einecke [1]) errechnet für die Erzfracht von Wetzlar nach Ruhrort gegenüber der Eisenbahn eine Ersparnis von 0,40 Mk. pro t, nach Dortmund aber 0,70 und nach Bochum gar 1,40 Mk. Mehrkosten bei Wassertransport bis Ruhrort.

Besonders heftig gestaltete sich der Kampf zwischen Eisenbahn und Ruhrhäfen, als Bestrebungen einsetzten, die Stellung der deutschen Seehäfen durch niedrige Ausnahmetarife gegenüber den Rheinseehäfen zu stärken. Da wurde ein beträchtlicher Teil der Exportgüter, die sonst wohl über Duisburg-Ruhrort nach Amsterdam oder Antwerpen den Weg genommen hätten, mit der Bahn nach Bremen und Hamburg exportiert. Und wie schon im Jahre 1884 nicht mit Hülfe der Schiffahrt der Ruhrhäfen, sondern mit derjenigen der Eisenbahnen in Holland die englische Kohle durch die Ruhrkohle zurückgedrängt werden konnte [2]), so war auch die Schiffahrt nicht beteiligt, als die Ruhrkohlenzechen auf Anregung der Eisenbahnverwaltung sich 1888 anschickten, in Hamburg den Kampf gegen die englischen Kohlen aufzunehmen [3]); auch gegenwärtig ist es noch vorteilhafter, die nach Berlin bestimmten Kohlen bis Hamburg mit der Eisenbahn und dort erst auf die Schiffahrt gehen zu lassen. Anderseits zeigt jedoch der Petroleumverkehr, wie die den Wasserweg verlassenden Güter durch entsprechende Einrichtungen geradezu auf denselben zurückgezwungen werden können; mit der Einführung der Tankschiffe war der Petroleumverkehr von den Seehäfen nach den Ruhrhäfen für die Eisenbahn verloren.

Mögen auch die Ausnahmetarife die Befreiung vom Umschlagverkehr der Ruhrhäfen in einzelnen Waren-

---

1) Einecke: Eisenerzbergbau und Eisenhüttenbetrieb an der Lahn, Dill und Sieg. S. 30/31.

2) Wirtschaftl. Entwickelung des niederrheinisch-westfälischen Steinkohlenbergbaues in der 2. Hälfte des 19. Jahrhunderts I. S. 172.

3) Ebendaselbst S. 180.

gattungen erleichtert haben, die Massenwaren Erze, Holz, Getreide, Petroleum gehen fast ausschließlich über den Wasserweg, und Kohlen zu einem beträchtlichen Teil. Der Kampf der Seehäfen Antwerpen, Amsterdam, Rotterdam einerseits und Bremen, Hamburg anderseits um das Hinterland konnte den Ruhrhäfen verkehrlich solange keinen nennenswerten Abbruch tun, als für diese Häfen selbst der Wasserweg bei dem Versand in das Binnenland eine Rolle spielte. An eine Umgehung des Wasserweges ist aber solange nicht zu denken, als die Ausnahmetarife im Interesse unserer heimischen Industrie auch noch die niederländisch-belgischen Häfen in ihren Geltungsbereich ziehen, und die Tarifsätze so gehalten werden, daß die Benutzung der Schienenstraße auch für die vorhin genannten Massenartikel nicht vorteilhafter erscheint. Erst der Dortmund-Emskanal drohte die Stellung der Ruhrhäfen zu ihrem Hinterlande zu erschüttern. Die vor seiner Eröffnung gehegten Befürchtungen haben sich allerdings nicht in dem erwarteten Umfange eingestellt. Abgesehen von der Überlegenheit der mit Emden konkurrierenden Seehäfen verhinderten die Befahrungsabgaben und die Abmessungen die volle Wettbewerbsfähigkeit des Kanals mit dem Rhein. Nur die unmittelbar am Kanal gelegenen Städte und Werke bedienen sich seiner bei dem Bezuge wie beim Absatze, und darum geht der Geltungsbereich der Ruhrhäfen auch jetzt noch bis nahe an den Kanal heran. Die Größe des Massengüterverkehrs in Tonnen auf dem Kanal zeigt folgende Übersicht:

	kanalabwärts		kanalaufwärts		
	Kohlen	Eisen u. Stahl	Erze	Holz	Getreide
1901	103 598	31 381	72 555	48 897	155 881
1902	141 095	35 168	158 913	39 211	185 835
1903	254 173	58 027	231 052	50 961	257 769
1904	247 719	48 308	228 193	47 281	235 355
1905	237 107	40 134	317 441	45 609	327 992
1906	242 413	47 829	479 414	37 981	273 239

	kanalabwärts		kanalaufwärts		
	Kohlen	Eisen u. Stahl	Erze	Holz	Getreide
1907	261 931	59 779	531 169	49 751	322 407
1908	352 423	66 161	576 439	53 880	307 286
1909	824 060	57 212	600 972	95 941	375 784
1910	1044 957	53 470	929 279	101 200	396 146
1911	1296 454	60 285	1147 774	173 085	405 090
1912	1298 899	56 338	1376 656	181 871	187 450

Der gegen Ende des vorigen Jahrhunderts geschaffene neue Beförderungsweg hat auf den Ruhrhafenverkehr nur untergeordnete Wirkung ausgeübt. Nach wie vor können diese als Verteilungshäfen angesprochen werden, die die Gütermengen von Antwerpen, Amsterdam, Rotterdam, Bremen, Hamburg, London, sowie von Königsberg, Memel, Riga, Petersburg und vom Oberrhein in das Hinterland hinein und Rohstoffe und Fabrikate in denselben Richtungen ausführen.

Die direkte Rheinseeschiffahrt ist dagegen für die Ruhrhäfen von keiner großen Bedeutung geworden (Tab. 17). Es ist schon auffallend, daß weder in Duisburg-Ruhrort noch in dem benachbarten Mülheim, wo doch eine ansehnliche Zahl von Rheinschiffern beheimatet ist, sich kein Unternehmer und keine Gesellschaft fanden, die den direkten Rheinseeverkehr aufnahmen; doch mag dies wohl in dem Umstande begründet liegen, daß die kapitalkräftigen Rheder sich vornehmlich mit dem Kohlenhandel und -transport befaßten. Die in den 90er Jahren errichteten Verbindungen zwischen Köln und Düsseldorf auf der einen, Bremen, Hamburg und Elbing auf der andern Seite haben aber ihr Schwergewicht im Stückgüterverkehr gefunden, an dem die Ruhrhäfen weniger beteiligt sind. Der Transport der Massengüter jedoch ist mit Ausnahme von etwas Holz und von Getreide bei dem Rheinschiff und damit dem Wettbewerb der Eisenbahnen ausgesetzt geblieben. So umfaßten nach einer Angabe des Duisburger Handelsk.-Ber. 1900 die Ladungen der direkten Rheinseeschiffe bei der Rhein- und Seeschiffahrt A. G. nach London: Eisenwaren, Draht, Stifte, Bleiweiß, Mennige, Baumwollwaren, Papier, Strohpappen, Glas und Flaschen; von London: Blei, Erze, Kolonialwaren, Rohprodukte wie Lumpen, Papierabfälle; nach den Ostseehäfen: verarbeitetes Eisen und Kohlen; von den Ostseehäfen: ausschließlich Holz. Die Dampfschiffahrtsgesellschaft „Neptun" in Bremen brachte von Kiel und Lübeck: Rapssaat, Rübsaat, Senfsaat, Mehl, Konserven und schwedische Türen; von Stettin: Mehl, Stärke, Sprit und Faßdauben; von Riga: außer Öl und Getreide vorwiegend Eier in Kisten. Die Dampfschiffahrtsgesellschaft „Argo" in Bremen beförderte nach Petersburg: Maschinenteile, Eisenwaren, chemische Produkte; von Petersburg: Getreide und Eier. Die Elbinger Dampfschiff-Rhederei F. Schichau in Elbing endlich brachte von den Ostseehäfen Holz.

3. Die Privathäfen insbesondere. (Tab. 2.)

Die Entwickelung der Privat- oder Werkshäfen gehört im wesentlichen der neuesten Zeit an. Allerdings reichen die ältesten Anlagen, das Duisburger und das Homberg-Essenberger Rheinufer sowie die Verladestelle der A. G. Phönix, bis in den Beginn der zweiten Hälfte des vergangenen Jahrhunderts zurück. Der Ausbau des Duisburger Rheinufers erfolgte seit 1856, nachdem 1851 die Rheinische Bergbau und Hüttenwesen A. G. gegründet und 1854 in Betrieb gekommen war [1]); im gleichen Jahre kam der Phönix in Laar in Betrieb, der den Erztransport auf Lahn und Rhein im großen organisierte. Anfang der 70er Jahre richtete dann auch die Hanielsche Zeche Rheinpreußen an dem Homberg-Essenberger Ufer eine eigene Verladestelle ein. Aber größern Umfang nahm die Bewegung doch erst an, als der Bezug fremder Erze in den Vordergrund rückte und damit der Rhein ein bevorzugter Ansiedlungspunkt für die Hüttenindustrie wurde.

---

1) Beck: Geschichte des Eisens IV. S. 983. 987.

Da entstand 1884 der Hafen Alsum der Gewerkschaft Deutscher Kaiser, 1897 folgte die zweite Unternehmung dieser Art, der Krupp'sche Hafen Rheinhausen. Das neue Jahrhundert brachte dann in schneller Reihenfolge 3 weitere Häfen: 1904 den Hafen Schwelgern (Gewerkschaft Deutscher Kaiser), 1905 den Hafen Walsum (Gutehoffnungshütte), 1907 den Hafen Rheinpreußen (Gewerkschaft Rheinpreußen). Mit diesen Häfen ist aber nur ein vorläufiger Abschluß erreicht. Neue Hafenpläne sind bereits aufgetaucht, und mit dem Fortschreiten des linksrheinischen Bergbaues nach Norden werden weitere Anlagen entstehen. Die Gewerkschaft Diergardt-Hochemmerich hat schon die Genehmigung für einen Hafenbau erhalten; die Bergbau A. G. Friedrich Heinrich in Lintfort, Kreis Mörs, die Rheinischen Stahlwerke A. G. und der Phönix haben eine G. m. b. H. gebildet, um bei Orsoy gemeinsam einen Hafen zu erbauen.

Der Anstoß zu dem stärkern Ausbau von Privathäfen ist zeitlich damit gegeben worden, daß in der zweiten Hälfte der 90er Jahre eine anhaltend starke Verkehrsentwickelung einsetzte, der die Anlagen der öffentlichen Häfen nicht gewachsen waren. Dazu kommt aber als dauernd wirksam die beträchtliche Ersparnis, die sich aus der unmittelbaren Anpassung des Transportgewerbes an die ganz speziellen Verhältnisse des einzelnen Werkes ergeben muß; denn selbstverständlich haben die öffentlichen Häfen sich nach den allgemeinen Bedürfnissen zu richten und können nicht alle jene Besonderheiten bieten, die die private Ladestelle aus dem unmittelbaren örtlichen Zusammenhang mit dem Werke einzurichten erlaubt. So besteht für den Kohlenversand in den Häfen Rheinpreußen und Walsum das Kastensystem, wobei die Kohlen in besonders geeigneten, auf Spezialwagen befindlichen Gefäßen herangeführt werden [1]) — ein

1) Denkschrift: Die Duisburg-Ruhrorter Häfen S. 93.

System, das inbezug auf Kohlenschonung, Schnelligkeit und Billigkeit des Verladens vorteilhafter als das Kippsystem der öffentlichen Häfen ist. Im Hafen Alsum erreicht man durch ein Transportband eine unmittelbare Überführung der Erze aus dem Schiff an den Hochofen, und im Hafen Rheinhausen sind die Ausladebrücken für die Erzschiffe so angelegt, daß ein Verholen der Kähne nicht mehr erforderlich ist. „Die Ausladevorrichtungen fördern für gewöhnlich das Erz etc. aus den Kähnen in den Hochöfen vorgelagerte Taschen. Sie können aber auch aus den Schiffen sowohl den zwischen den Taschen und dem Hafen gelegenen Erzlagerplatz und von diesem wieder die Taschen als auch ein Normalspurgleise bedienen, das unmittelbar parallel der Kaimauer läuft und mit beiden Enden an die Werksgleise angeschlossen ist" [1]). Derartige, auf das spezielle Bedürfnis des Werkes berechnete Einrichtungen lassen sich nur in eigenen Anlagen herstellen, wo Hafenanlagen, Hafenverbindungsbahnen und deren Betriebsmittel einer einzigen Unternehmung gehören und einheitlich ausgestaltet werden.

Vor allem ist die Wertschätzung entscheidend geworden, die ein modernes Eisenwerk dem ganz regelmäßigen Bezug seiner Rohstoffe, namentlich also seinen Erzen, beilegen muß; denn bei Benutzung der öffentlichen Häfen und der staatlichen Schienenwege ist es keineswegs ausgeschlossen, daß bei dem häufig beklagten Wagenmangel die erforderlichen Zufuhren vom Hafen zur Hütte Störungen erleiden, oder daß die Entladevorrichtungen nicht oder nicht in genügendem Maße zur Verfügung stehen. Dadurch würde die Übersehbarkeit des Produktionsprozesses, die wichtigste Grundlage des modernen Riesenbetriebes, ungünstig beeinflußt, wie schon Heymann [2]) andeutet, wenn er sagt: „Am günstigsten ist

1) Stahl und Eisen 1907. Nr. 41. S. 4.

2) Heymann: Die gemischten Betriebe im Großeisengewerbe. S. 218.

die Betriebskombination gestellt, die nicht unter Verkehrsstörungen, die den Empfang und Versand der Zwischenprodukte hindern, zu leiden haben.“ Ihrem ganzen Charakter nach gehören die Privathäfen zum gemischten Großbetrieb. Es würde gleichsam ein Glied in der Kette der auf Unabhängigkeit bis zu den obersten Produktionsstufen gerichteten Bestrebungen fehlen, wenn die Werke diesen Schritt nicht getan hätten. Daß die Zeche Rheinpreußen, bei der die Verhältnisse anders geartet sind, gleichfalls zum Bau eines eigenen Hafens schritt, erklärt sich wohl durch ihre Lage, die eine Benutzung der öffentlichen Häfen nicht ermöglichte. Der Nutzen einer eigenen Hafenanlage dürfte bei dem Werk am größten sein, bei dem in den Zu- und Abfuhrmengen annähernd Übereinstimmung herrscht, weil sich dort die Ausnutzung des rollenden Materials am vollkommensten erreichen läßt. Das trifft auf diejenigen Hafenanlagen zu, in denen neben einem ausgedehnten Empfang von Rohstoffen auch ein starker Versand in solchen (Kohlen, Roheisen) stattfindet, wie in den Häfen Alsum, Schwelgern und Walsum.

Einen Wettbewerb gegenüber den öffentlichen Häfen bedeuten diese privaten Anlagen eigentlich nicht, wenn schon selbstverständlich der von ihnen abgewickelte Verkehr jenen entzogen wird. Die Grundlagen beider Hafensysteme sind aber verschieden: der Werkshafen hat es nur mit dem Verkehrsbedürfnis des unmittelbar angeschlossenen Betriebes zu tun und kommt für das weitere Hinterland so gut wie gar nicht inbetracht; die öffentlichen Anlagen dagegen finden gerade in der Bedienung des Hinterlandes den Kern ihrer Arbeit. Infolgedessen dient der Privathafen fast nur dem Verkehr in Massengütern, während die Güterarten der öffentlichen Häfen erheblich mannigfaltiger sind.

Um welche Mengen es sich bei den großen Eisenwerken handelt, mögen einige Zahlen zeigen. Es produzierten [1]):

1905	A. G. für Hüttenbetrieb t	Gewerksch. Deutscher Kaiser t	A. G. Phönix t	Rheinische Stahlwerke t	Friedrich-Alfred-hütte t	Gutehoffnungs-hütte t
Roheisen	186 828	524 478	247 080	325 639	430 983	482 979
Rohstahl	—	644 434	355 683	357 349	210 667	483 000
Walzwerksfabrikate .	—	505 101	265 423	338 089	198 993	401 000
1907						
Roheisen	215 061	636 369	310 751	410 518	627 186	480 607
Rohstahl	—	706 954	414 481	419 643	507 364	504 000
Walzwerksfabrikate .	—	609 385	305 855	400 260	375 490	421 000
1910						
Roheisen	334 657	648 597	332 353	444 656	831 563	721 659
Rohstahl	—	781 682	438 904	460 823	636 092	617 086
Walzwerksfabrikate .	—	654 524	294 677	377 645	531 430	488 362
1912						
Roheisen	383 870	652 819	391 420	560 328	1075 329	765 837
Rohstahl	—	823 058	539 175	646 713	795 325	740 769
Walzwerkserzeugnisse .	—	730 582	349 558	547 505	601 423	604 291

Seit 1908 enthalten die Handelskammerberichte keine Angaben über den Eisenerzverbrauch der einzelnen Werke, vielmehr erscheinen seitdem nur noch die wichtigsten summarisch aufgeführt.

Alle Hüttenwerke der Ruhrhäfen verfügen mit Ausnahme der Rheinischen Stahlwerke, die über den Ruhrorter Nordhafen verladen, über eigene Häfen oder Ladestellen. In welchem Verhältnis sich die Gütermengen beider Hafengruppen gesteigert haben, zeigen die graph. Darstellung I und Tab. 1. Während 1897 noch das Verhältnis der öffentlichen zu den privaten Häfen 10: 0,96 war, hatte sich 1905 bereits ein solches von 10: 3,05 und 1910 sogar ein Verhältnis von 10: 4,99 ausgebildet, während 1912 das Verhältnis 10: 5,23 erreichte. Die starken Verschiebungen seit 1905 erklären sich durch den Hinzutritt der neu in Betrieb gekommenen Häfen Schwelgern, Walsum und Rheinpreußen.

1) Hand.-Ber. Duisburg 1905/07/10/12. Festschrift: Gutehoffnungshütte.

II. Die Ruhrhäfen und die Industrie.

A. Allgemeines.

Die Ruhrhäfen haben, abgesehen von den Einflüssen der Wirtschaftslage in einzelnen Jahren, einen stetig wachsenden Verkehr aufzuweisen und unter allen europäischen Binnenhäfen die erste Stelle errungen (Tabelle 1). Diese Vorrangstellung verdanken sie der Ausweitung und Neuentstehung industrieller Betriebe, sowie der darauf basierenden Bevölkerungszunahme.

Durch die gewaltige Bevölkerungsvermehrung des niederrheinisch-westfälischen Industriebezirks mußte sich die Nachfrage nach den zum Lebensunterhalt notwendigen Nahrungsmitteln und nach Genußmitteln ganz allgemein steigern. Bei den Kolonialprodukten Kaffee, Zucker, Tabak stehen jedoch die zu Wasser ankommenden Mengen mit dem durch den Bevölkerungszuwachs des Hinterlandes gegebenen gestiegenen Bedarf in keinem Verhältnis (Tabelle 15). Die Ursachen dieser Erscheinung sind in den Handelsorganisationen dieser Waren zu suchen. Dagegen ist die stark gestiegene Bevölkerung von größter Bedeutung für den Getreideverkehr der Ruhrhäfen geworden, und sie ist auch nicht ohne Einfluß auf den Rohstoffbezug der Werke geblieben, denn sie stellte der Industrie die Aufgabe, einen vorhandenen und sich fortwährend entwickelnden Bedarf zu befriedigen. Wo aber Bedarf vorhanden ist, da ist eine gesunde Grundlage für die Ausweitung der Erzeugung von Fabrikaten gegeben. Die vermehrte Absatzgelegenheit der obern Produktionsstufen muß naturgemäß zu einer Vermehrung der Arbeitsgelegenheit der untern Produktionsstufen führen und von diesen aus zu einem gesteigerten Rohstoffbezug.

Die Ausweitung der Industrie brachte den Häfen Ersatz für die nach dem Ausbau der Eisenbahnlinien verloren gegangene Fabrikatenabfuhr aus dem Bergischen und Märkischen. Durch Errichtung neuer und durch den Ausbau bestehender Werke begannen Fabrikate in der Hafenverkehrsstatistik eine bedeutende Rolle zu spielen. (Tab. 5.) Von 200 000 Tonnen in 1897 stieg die Abfuhr in „verarbeitetem Eisen" auf 1 034 Millionen Tonnen in 1912. Die Hafenstatistik unterscheidet nur zwischen Abfuhr zu Berg und zu Tal, ohne Bestimmungshäfen anzugeben. Wenn man berücksichtigt, daß der Wasserweg zu Tal für den Inlandsabsatz kaum in Frage kommen kann, so wird man die Abfuhr zu Tal als nach den Seehäfen gerichtet betrachten können. Die Abfuhr zu Berg ist demgegenüber gering. Es gingen in Tonnen

	zu Berg	zu Tal
1906	57 901	712 343
1907	61 687	673 130
1908	53 766	599 492
1909	52 985	636 327
1910	76 848	891 091
1911	70 069	950 073
1912	76 907	1 021 206

Öffentliche und private Häfen stehen sich hierbei folgendermaßen gegenüber:

	Öffentliche Häfen		Privathäfen	
	zu Berg	zu Tal	zu Berg	zu Tal
1906	53 595	356 377	4 306	355 966
1907	51 373	289 562	10 314	383 568
1908	44 914	299 768	8 852	299 724
1909	43 120	331 855	9 865	304 472
1910	71 939	415 094	4 909	475 997
1911	58 863	477 327	11 206	472 746
1912	68 524	516 700	8 383	504 506

Die Eisenindustrie führt den Häfen um so mehr Verkehr zu, je mehr sie zur Unterbringung der gewaltigen Produktion den ausländischen Markt aufsuchen muß, und je mehr ausländische Erze sie zur Verhüttung heranzieht. (Tabelle 3.)

Der Menge nach behauptet die Kohle im Hafenverkehr noch immer den ersten Platz. Wie in der Eisenindustrie waren es auch hier Neuerschließung von Kohlenfeldern und technische Umgestaltungen, welche den Häfen den starken Verkehrszuwachs brachten. Als die Produktion in ungeahnter Weise zunahm, als man nach neuen Absatzgebieten Umschau halten mußte, da wurde die Frage des billigsten Abfuhrweges geradezu ausschlaggebend. Die Ruhrhäfen waren die gegebenen Stapelplätze, von wo aus der Versand mit Hülfe des Wasserweges auf weite Entfernungen am billigsten zu bewirken war. Für den Versand zu Berg wie zu Tal günstigst gelegen, kam ihrem Umschlagverkehr zugute, wenn die Versendungen nach dem Oberrhein oder nach Holland, Belgien verstärkt wurden. (Tabelle 7.)

Die Entwickelung des Bergbaues brachte den Häfen aber auch eine Zunahme im Grubenholzverkehr und die stetig lebhafte Bautätigkeit eine solche in Bau- und Nutzholz. Endlich mußten die Gründung und der Ausbau von Hafenmühlen in der Richtung einer Steigerung des Hafenverkehrs wirken. Den Anteil der öffentlichen und privaten Häfen an den wichtigsten Stapelartikeln zeigt die graphische Darstellung II.

Auch für die Zufuhr von Petroleum war die Lage der Ruhrhäfen zum konsumkräftigen Hinterland ungemein günstig, namentlich als mit dem Aufkommen der Tankschiffe nur noch der Wasserweg in Frage kam. Die Errichtung von Tankanlagen in Düsseldorf, durch welche die Versorgung des bergischen Konsumgebietes von dort aus erfolgte, hat dem Petroleumverkehr der Ruhrhäfen nur zeitweilig Abbruch getan. Was dagegen an Tabak und Baumwolle in den Ruhrhäfen ankommt, befriedigt nicht einmal den Bedarf der örtlichen Industrie.

B. Die Hüttenindustrie.

1. Die Versorgung mit Eisenerzen.

Daß die Eisenindustrie den Verkehr der Häfen einmal ganz erheblich beeinflussen werde, hat man früher kaum für möglich gehalten: noch 1847 werden im Handelsk.-Ber. Duisburg, als unter die weniger erheblichen Güter fallend, 147 438 Ztr. Roheisen aufgeführt, „welches für den hiesigen Ort nur als Speditions- oder transitierendes Gut anzusehen ist". Auch die Eisensteinanfuhr betrug noch im Jahre 1850 erst 44 200 Ztr. Sie stellte sich aber schon im nächsten Jahre auf 238 700 Ztr., die für die Hochöfen der Gemeinde Borbeck bei Essen bestimmt waren. Und von der Zeit an war fast alljährlich eine beträchtliche Steigerung zu verzeichnen. Im Duisburger Hafen kamen an in Ztr.:

1852	186 500	1856	982 778
1853	431 010	1857	1 178 855
1854	759 771	1858	1 098 899
1855	407 393	1859	563 239

Mit dem Beginn der 50er Jahre setzen auch die Bestrebungen ein, in der Hafengegend selbst Hochöfen zu errichten. Ein seit 1848 verfolgtes Vorhaben, einen Hochofen an der Mündung des Rheinkanals zu erbauen, wurde zwar nicht verwirklicht, wohl aber entstanden in den nächsten Jahren Hochöfen am Rheinufer. Die Niederrheinische Hütte blies 1854 einen Hochofen an, 1856 kam ein Puddel- und Walzwerk hinzu. Im gleichen Jahre errichtete auch die Gesellschaft „Vulkan" 2 Hochöfen, das Eisenwerk des Deutsch-Holländischen Aktienvereins (später Krupp'sche Johannishütte) war in Ausführung begriffen. Um diese Zeit kam auch ein Kupferwalzwerk in Betrieb. Bei der Niederrheinischen Hütte stellte sich 1857 die Produktion auf 176 945 Ztr. Roheisen (Masseln), 14 568 Ztr. Gußwaren (direkt aus dem Hochofen gewonnen), 9 585 Ztr. Gußwaren (durch Umschmelzen gewonnen), 10 040 Ztr. Stabeisen, 46 Ztr. Kessel- und Schwarzbleche. Vulkan produzierte 196 745 Ztr. Roheisen (Masseln), 9 090 Ztr. Gußwaren und 5 867 Ztr. Gußwaren aus umgeschmolzenem Eisen [1]).

Mit der Einführung des Thomasverfahrens begann für die Werke an der Ruhr ein neuer Zeitabschnitt. Noch im Jahre 1879 führten die Rheinischen Stahlwerke dieses Verfahren ein, 1880 folgten Gutehoffnungshütte und Phönix [2]). In den nächsten Jahren beginnen dann die gemischten Betriebe, Fortschritte zu machen. 1887/88 gründen die Rheinischen Stahlwerke Hochöfen [3]); 1904 erwarben sie das reine Martinwerk „Duisburger Eisen- und Stahlwerk". 1890 siedelte sich Thyssen am Rheine an, indem er in Bruckhausen ein Siemens-Martinwerk und ein Stahlwerk errichtete; 5 Jahre später wurden eine Hochofenanlage und ein Thomasstahlwerk gebaut. 1896 begann Krupp auf der linken Rheinseite mit der Anlage eines neuzeitlichen Hüttenwerkes, dorthin wurde der Betrieb der 1872 erworbenen Johannishütte verlegt. Derselbe Zug hat jetzt auch die Werke der verarbeitenden Industrie ergriffen; Beispiele bieten das Blechwalzwerk Schulz-Knaudt A. G. und die „Vereinigte Maschinenfabriken Augsburg-Nürnberg A. G." Dabei übt für die Hüttenindustrie mit ihrer nicht übermäßig qualifizierten Arbeiterschaft die Arbeit bei der Wahl des Standortes kaum eine Anziehung aus, zumal die Mechanisierung des Produktionsprozesses in steter Zunahme begriffen ist [4]). Selbst bei den Fertigbetrieben, die über eine größere Zahl geistig höher stehender Arbeiter verfügen müssen, ist die Anziehungskraft der Arbeit nicht wirksam. Bestimmend

1) Handelsk.-Ber. Duisburg 1857.

2) Beck: Geschichte des Eisens VI S. 997/999.

3) Heymann a. a. O. S. 153.

4) Schumacher: Die Wanderungen der Großindustrie in Deutschland und in den Vereinigten Staaten. Jahrb. f. Gesetzgeb., Verwaltung u. Volksw. N. F. 34, Heft 2.

ist vielmehr der Rohstoffbezug, teilweise auch der Absatz; letzterer besonders bei den Wanderungen der Fertigindustrie.

Die beiden wichtigsten Rohstoffe der Hüttenwerke, Kohle und Erze, finden sich bei keinem der Werke an Rhein und Ruhr unmittelbar örtlich vereinigt. Immerhin haben Gutehoffnungshütte, Deutscher Kaiser und Phönix die Kohle wenigstens in ihrer Nachbarschaft. Aber das Erz hat immer von weit her geholt werden müssen. Ursprünglich kam es von Lahn und Sieg. Die Niederrheinische Hütte ist sogar mit der ausgesprochenen Absicht, dort Erzbergbau zu betreiben und die selbst gewonnenen Erze zu verhütten, gegründet worden. Ähnlich lagen die Verhältnisse bei dem Phönix, und auch die Gutehoffnungshütte verhüttete neben dem Kohleneisenstein und dem Rasenerz aus dem Essen'schen, dem Lippe'schen und aus Mitteldeutschland vielfach nassauische Erze. Sie dürfte die einzige Hütte an der Ruhr gewesen sein, bei welcher die Frage zur Entscheidung drängte, ob die Hochöfen auf den Kohleneisensteinfeldern oder mehr nach dem Wasserwege zu ausgebaut werden sollten. Da man aber zum Puddelroheisen nassauische Erze brauchte, und da diese bequemer und billiger nach Oberhausen als nach den Kohleneisensteinfeldern bezogen werden konnten, so wurde dem Hochofenausbau bei Oberhausen der Vorzug gegeben [1]).

Mit der Einführung des Bessemerverfahrens traten spanische Erze am Rheine auf. Die Gutehoffnungshütte verhüttete sie 1872 zuerst; für die Johannishütte werden sie von der Duisburger Hafenstatistik 1873, für die Niederrheinische Hütte 1876 zuerst ausgewiesen. Bei der Johannishütte überwiegt schon 1877 die Anfuhr ausländischer Erze zu Wasser, bei der Niederrheinischen Hütte aber erst 1885.

---

1) Festschrift: Gutehoffnungshütte S. 34.

Das Thomasverfahren gewährte dann die Möglichkeit, die phosphorhaltige Minette aus Lothringen-Luxemburg zu verhütten. Dadurch wurden die Lahnerze noch ungünstiger gestellt: für den Bessemerprozeß hatten sie zuviel, für den Thomasprozeß zu wenig Phosphor [1]). Die Beschaffung billiger Erze wurde jetzt für die Rhein- und Ruhrwerke zu einer Lebensfrage. Denn das Thomasverfahren bot der deutschen Eisenindustrie im allgemeinen zwar gewiß große Vorteile; aber wenn Heymann [2]) behauptet, daß Deutschland dadurch von den spanischen Erzen unabhängig geworden sei, so trifft dies vorläufig auf die Rheinwerke noch nicht zu. Der Minettebezug war bei der Entfernung von 330—350 km zu Beginn der 80er Jahre noch so teuer, daß nur Sorten mit höchstem Gehalt transportabel erschienen [3]). Die Gutehoffnungshütte und der Phönix, die schon 1873/75 gemeinsam in Deutsch-Lothringen und Luxemburg Erzkonzessionen erworben hatten, konnten nicht einmal an eine eigene Verarbeitung herangehen [4]), auch noch nicht, als der Ausnahmetarif von 1893 kam. Man verkaufte vielmehr die selbstgeförderte Minette und kaufte fremde Erze ein. Dieser Zustand besteht zum Teil auch heute noch, bezeichnet doch Heymann [5]) aus solchen Notwendigkeiten heraus Thyssen geradezu als „größten Erzhändler Deutschlands". Trotzdem sehen wir die Rheinwerke wie an der Lahn so vor allem im Minettebezirk Gerechtsame sich sichern.

Die hohen Transportkosten, durch die der Minettebezug verteuert wurde, bewirkten aber, daß gegen Ende der 80er Jahre schwedische Erze aus den Gruben von

---

1) Einecke: Eisenerzbergbau und Eisenhüttenbetrieb an der Lahn. S. 10.

2) Heymann a. a. O. S. 18.

3) Goldstein: Die Entwickelung der deutschen Roheisenindustrie seit 1879 (Verhandlungen des Vereins zur Förderung des Gewerbefleißes 1908).

4) Festschrift Gutehoffnungshütte S. 35.

5) Heymann a. a. O. S. 270.

Grängesberg in Niederrheinland-Westfalen in größerer Menge Eingang fanden. 1892 kamen die nordschwedischen aus dem Gellivaarabezirk hinzu, und durch Weiterführung der Bahn Luleå-Gallivaara zum Hafen Narwik wurden 1903 die Erzlager von Kirunavaara und Luossovaara herangezogen[1]). Die Förderkosten betragen nach Goldstein pro % Eisen bei den schwedischen Erzen 4 Pfg., bei der Minette 7—8 Pfg., bei den spanischen Erzen 14 Pfg. Die Förderkosten der Minette zuzüglich Fracht nach Niederrheinland-Westfalen geben die Preisgrenze an, über die die schwedischen Erze nicht hinausgehen können, wenn sie sich ihr Absatzgebiet erhalten wollen; sie müssen sogar noch etwas darunter bleiben. Tatsächlich bewegt sich die Preispolitik nach dem an der Ruhr gezahlten Gestehungspreis für Minette.

Rußland, von dem schon in den 80er Jahren kleinere Mengen Manganerze gekommen waren, trat 1903 mit größern Lieferungen auf. Der Bedarf an Manganerzen steht aber in keinem Vergleich zu dem Verbrauch schwedischer und spanischer Erze. Bei den Erzen aus Griechenland, Indien, Brasilien handelt es sich vorläufig noch ebenfalls um geringe Mengen. Dagegen werden im Handelskammerbericht Duisburg für 1911 und 1912 größere Mengen französischer Erze und Schlacken ausgewiesen und 1911 zum ersten Male nordafrikanische Erze, allerdings erst mit 114952 Tonnen. Die Erzzufuhren der öffentlichen und privaten Häfen veranschaulicht die graphische Darstellung III (vergl. Tabelle 3).

Daß der Erzbezug den Standort der Hüttenwerke beeinflußt hat, ist unverkennbar. Die ersten Werke entstanden an der Ruhrmündung, als der Bezug der nassauischen Erze die Lage am Wasserweg vorteilhaft erscheinen ließ (Phönix, Niederrheinische Hütte, Vulkan). Als die spanischen Erze erschienen, entstanden die Rheinischen Stahlwerke, für deren Roheisenbezug der Wasser-

1) Goldstein a. a. O. S. 417.

An Erzen wurden folgende Mengen verhüttet:

	Gewerkschaft Deutsch. Kaiser A. G. für Hüttenbetrieb Bruckhausen t				A. G. Phönix Ruhrort t		Rheinische Stahlwerke t		Friedrich-Alfredhütte t		Gutehoffnungshütte t	
	1905	1907	1905	1907	1905	1907	1905	1907	1905	1907		1907
Minette	—	—	38 403	241 923	61 865	152 098	178 281	225 953	121 271	255 417		386 593
Siegerländer und nassauische Erze	10 704	1 921	131 448	54 103	19 290	31 908	43 881	74 551	216 738	297 544		77 503
Schwedische Erze	71 389	89 373	342 759	492 123	146 033	199 894	175 415	218 329	186 358	345 177		232 673
Spanische Erze	204 968	197 957	190 563	81 720	67 438	126 904	88 065	219 849	226 386	264 326		95 482
Alle übrigen Erze inländ. Herkunft	7 867	}139 493	124 031	}624 234	103 157	}185 428	34 318	}148 760	}133 752	}178 135		}238 302
ausländ. Herkunft	86 529		265 455		95 325		144 218					
Russische Erze .	—	24 724	—	—	—	6 041	—	—	—	—		49 665
	385 487	453 468	992 659	1 494 103	593 108	702 273	664 178	887 442	884 505	1 340 599		1 080 218

weg erwünscht war, bis sie mit der Errichtung der Hochöfen die gleichen Interessen am Erzbezug hatten wie die benachbarten Werke. Das Eindringen schwedischer Erze fällt zeitlich nur wenig auseinander mit dem Heranrücken von Deutscher Kaiser an den Rhein und mit der Übersiedelung von Krupp nach Rheinhausen.

Welche Bedeutung die ausländischen Erze bei der Versorgung der Rheinwerke haben, mögen nachfolgende Zahlen erläutern, bei welchen aber zu berücksichtigen ist, daß sie 1903 und 1904 nur den Verbrauch von Deutscher Kaiser, der A. G. für Hüttenbetrieb, der Rheinischen Stahlwerke, des Phönix und der Friedrich Alfredhütte enthalten, seit 1905 treten dann noch Niederrheinische Hütte, Vulkan und Gutehoffnungshütte hinzu; ferner ist zu beachten, daß in der Position „alle übrigen in- und ausländischen Erze und Schlacken" ein erheblicher Anteil des Auslandes versteckt liegt. Von den vorstehend genannten 8 Hüttenwerken wurden verbraucht in Tonnen [1]):

(Siehe Tabelle S. 23.)

Seit 1908 wird der Verbrauch der 8 Hüttenwerke nur noch insgesamt nach Herkunft ausgewiesen. Der Erzverbrauch stellte sich in Tonnen:

	1903	1904	1905	1906	1907
Minette	555 446	346 513	419 532	745 847	1 262 059
Siegerländ. u. nass. Erze .	223 954	302 313	427 725	501 391	533 760
Schwedische Erze . . .	529 662	739 266	933 153	1 245 643	1 593 532
Spanische „	279 924	716 174	937 378	1 139 274	1 216 962
Russische „	—	—	—	—	100 124
Französ. Erze u. Schlacken	—	—	—	—	11 431
Nordafrikanische Erze . .	—	—	—	—	—
Alle übrigen in- u. ausländ. Erze u. Schlacken . .	715 151	1 436 452	1 081 620	1 107 657	1 616 500
Insgesamt:	2 304 037	3 540 720	3 799 408	4 739 812	6 329 368

1) Die Zahlen für 1903/04 wurden aus den Duisburger und Ruhrorter Handelsk.-Ber. errechnet, seit 1905 dem Duisburger Kammerbericht und der Festschrift Gutehoffnungshütte entnommen.

	1908	1909	1910	1911	1912
Minette	1 101 431	1 326 902	1 767 986	1 793 806	1 926 421
Siegerländ. u. nass. Erze .	557 134	629 084	864 808	663 791	629 869
Schwedische Erze . . .	1 475 516	1 468 026	1 494 134	1 726 918	1 990 552
Spanische „ . . .	1 203 792	1 553 697	1 619 221	1 485 313	1 742 888
Russische „ . . .	84 534	218 401	269 267	351 775	390 756
Französ. Erze u. Schlacken	5 392	48 134	268 858	636 231	555 070
Nordafrikanische Erze . .	—	—	—	114 952	222 668
Alle übrigen in- u. ausländ. Erze u. Schlacken . .	1 460 034	1 366 969	1 775 534	1 466 688	1 722 083
Insgesamt:	5 887 833	6 611 213	8 059 808	8 239 464	9 180 307

Wenn Spaltowski [1]) annimmt, daß sich die niederrheinisch-westfälischen Werke bei der Verhüttung der schwedischen Erze in derselben Menge (40%) bedienen wie der lothringer Minette, so trifft das bei den genannten 8 Rheinwerken nicht zu. Von der Gesamtmenge machten 1907 die schwedischen Erze 24% aus, die Minette 19%, 1908 waren es 24% und 18%, 1909 dagegen 21% und 19%, 1910 sanken die schwedischen auf 19%, die Minette stieg auf 21%, in 1911 stellten beide 20%, und in 1912 entfielen 21% auf schwedische Erze, 20% auf Minette. Wenn man aber den Eisengehalt der schwedischen Erze und der Minette berücksichtigt, verschiebt sich das Verhältnis zu Ungunsten der Minette erheblich.

Um einen Vergleich zu ermöglichen, welchen erheblichen Anteil die Rheinwerke an den schwedischen und spanischen Erzbezügen haben, seien nachstehend die nach Niederrheinland-Westfalen angebrachten Mengen angeführt. Es kamen in Tonnen [2]):

1) Spaltowski: Die Versorgung der deutschen Hochofenindustrie mit Eisenerz. S. 52.

2) Müller: Rapport Consulaire sur l'année 1908, desgl. 1911 und „Glück auf" 1911, Heft 3, S. 118; ferner Statistik des Deutschen Reiches „Binnenschiffahrt" 1909, 1910, 1911.

	aus Schweden	davon über Rotterdam	über Emden	aus Spanien
1901	1 087 000	885 000	61 000	1 343 176
1902	1 108 000	885 000	136 000	1 328 516
1903	1 537 000	1 407 000	189 000	1 637 655
1904	1 701 000	1 445 000	166 000	1 565 000
1905	1 956 000	1 684 000	259 000	1 735 000
1906	2 334 000	1 984 000	437 000	2 299 000
1907	2 516 000	1 815 000	504 000	2 171 000
1908	2 298 000	1 610 000	687 000	1 945 000
1909	2 065 307	1 531 632	533 675	2 552 268
1910	2 579 876	1 777 207	802 669	2 523 766
1911	2 943 037	1 901 264	1 041 773	2 636 491

Durch die Ansiedelung im Ruhrhafengebiet erhielten die Hüttenwerke eine enge Verbindung mit der Kohle und weiter eine möglichst günstige Frachtstellung zu den Haupteinfuhrhäfen Rotterdam, Antwerpen. Jeder Fortschritt in der Verlade- und Transporttechnik sowie im Wasserstande kam ihnen zugute. Sie konnten die Wasserlage wählen, weil alle Voraussetzungen für die Heranziehung fremder Erze wie „genügend hoher Eisengehalt, niedrigste Gestehungskosten und Nachhaltigkeit der Erzlager" gegeben waren [1]). Ein Hinuntergehen weit unter die Ruhrhäfen bot den Werken durch die dann eintretende Entfernung von der Kohle nicht genügend Vorteil. Durch das neuerliche Fortschreiten des Bergbaues den Rhein hinunter wird es aber in der Zukunft denkbar.

2. Die Formen des Erzbezuges [2]).

Für die Beschaffung dieser gewaltigen Mengen von Erzen bedient sich die Hüttenindustrie noch immer über-

---

1) Neumeister: Die natürlichen Grundlagen der Eisenindustrie (Schmollers Forschungen Heft 150) S. 72.

2) Die nachfolgenden Ausführungen stützen sich auf persönliche Erkundigungen. Allen denen, die mir mit Auskünften bereitwillig gedient haben, möchte ich auch an dieser Stelle für ihre Unterstützung herzlich danken.

wiegend des selbständigen Handels. Zwar haben die großen Werke, wie schon erwähnt, sich auch im Auslande teilweise eigenen Grubenbesitz angegliedert oder doch mit den Gruben langfristige Lieferungsverträge abgeschlossen; Krupp und die Gewerkschaft Deutscher Kaiser und neuerdings die Gutehoffnungshütte haben sich auch eine eigene Transportflotte geschaffen. Aber damit wird doch nur ein Teil des Erzbedürfnisses gedeckt, in größerm Umfange sind alle Hütten noch auf den Zukauf aus der Hand des Handels angewiesen.

Auch von jenem Gang, der sonst wohl bei Massenrohstoffen zu beobachten ist, welcher den Sitz des Eigenhandels aus den Seeplätzen in die Nähe der Konsumstätten verlegt[1]), ist hier nur wenig zu beobachten. Wenn der Handelskammerbericht Duisburg 1891 bei Bekämpfung der Seehafenausnahmetarife ausführt, daß der rheinische Handel selbst als Käufer auf dem Weltmarkte auftrete, der Rotterdamer und Amsterdamer Kaufmann der Spediteur des rheinischen Handels geworden sei, so trifft das im Erzhandel nicht zu; hier hat nicht der in den Ruhrhäfen ansässige Handel die Rolle des Seehafenhandels übernommen. Von einem wirklichen Erzmarkt kann in Duisburg keine Rede sein.

Als der Bessemerprozeß in England eine größere Nachfrage nach spanischen Erzen auslöste, da waren es Londoner Häuser, die sich zuerst mit dem Erzimport aus Spanien befaßten. In London bildete sich zuerst ein Erzmarkt aus, und er ist bis heute maßgebend für die andern Erz importierenden Länder geblieben. Obschon an den Ruhrhäfen ganz erhebliche Mengen Übersee-Erze angeboten und gefragt werden, so kommen Angebot und Nachfrage doch nicht in solcher Weise zum Ausgleich, daß dadurch die Preise bestimmend beeinflußt werden. Eine Preisnotierung findet nirgends statt. Die Londoner No-

1) Wiedenfeld: Die nordwesteuropäischen Welthäfen.

tierungen bilden auch noch in der Gegenwart die Richtschnur für die Preisbemessung des Festlandes, und London, als zentraler Bankplatz, ist selbst dann noch häufig der Fälligkeitsort für die Erzdevisen, wenn der Handel direkt vom Festlande her mit dem Ausfuhrgebiet abgeschlossen worden ist. Der englische £.-Wechsel spielt noch eine große Rolle, wenngleich sowohl von Lübeck als auch von Rotterdam her immer häufiger in deutscher Währung die Abschlüsse getätigt werden. London endlich ist überwiegend, in Wettbewerb mit Rotterdam, der Bestimmungsort jener Sendungen, die — namentlich von Rußland aus — auf Konsignation nach Europa geschickt werden, für die also der größere Teil ihres Verkehrswertes, meist etwa 80%, gleich bei der Ankunft und noch vor dem endgültigen Verkauf von den Konsignataren an die Exporteure zu entrichten ist.

Neben Londoner Häusern traten mit der Zeit Rotterdamer und Antwerpener Firmen auf, die sich dem Erzimport nach dem Festlande zuwandten. Vermutlich haben Transportausführungen für englische Rechnung hierbei beeinflussend mitgewirkt. Als das Erzgeschäft sich mehr und mehr zur Transportfrage entwickelte, da nahmen auch reine Erzhändler die Spedition auf, und anderseits fingen auch die Transportgesellschaften an, sich für den Verkauf von Erzen zu interessieren. Dabei ist es dann geblieben. Denn während sich in andern Massengütern, wie in Getreide, ein Umschwung dahin vollzog, daß der sich früher auf den Kredit des Seehafenhandels stützende Binnenhafenhandel sich an die Stelle des ersteren schob und diesem die Spedition zuwies, hat sich der Binnenhafenhandel im Erzgeschäft nicht in dieser Richtung ausdehnen können. Rotterdam ist zwar in der Hauptsache Speditionsplatz für das Hinterland [1]), aber im Erzgeschäft ist es keineswegs ausgeschaltet worden. Eine der bedeu-

1) Wiedenfeld a. a. O. S. 278.

tendsten Erzfirmen hat vielmehr gerade in Rotterdam ihren Sitz, und sie ist nicht nur an spanischen, sondern auch an afrikanischen Gruben interessiert. Auch Londoner Häuser sind am Erzimport nach der Ruhr in erheblichem Maße beteiligt, und in schwedischen Erzen ist besonders ein Lübecker Haus erwähnenswert.

Für alle Seehafenhäuser ist charakteristisch, daß sie an den Orten des Hauptverbrauchs, in Duisburg, Ruhrort, Düsseldorf, Niederlassungen errichteten oder Firmen mit ihrer Vertretung betrauten. Wollte der Seehafenhandel seine Stellung in der Bedarfsdeckung behaupten, dann mußte er dem Verbrauchsgebiet möglichst nahe zu kommen suchen, von diesem aus konnte man enge Fühlung mit den Verbrauchern halten, man hörte, was die Konkurrenz machte, und welcher Bedarf und welche Kauflust herrschten. Durchweg hütet sich der Verbraucher, an die Importfirmen heranzutreten, vielmehr überläßt er das aktive Vorgehen möglichst dem Handel, um die eigene Position bei der Preisbemessung nicht zu schwächen.

Anderseits haben aber auch Binnenlandfirmen in den Seehafenstädten Fuß zu fassen versucht. Es sind die Speditionsfirmen, welche entweder über eigene Boote und Schleppkähne oder wenigstens über letztere verfügen. Diese Firmen befassen sich teilweise auch mit dem Erzhandel. Sie beschränken sich aber auf eine geringe Menge von Sorten, außerdem ist der Erzhandel nicht Selbstzweck: er sichert dem eigenen Kahnraum eine gewisse Transportmenge und stützt die Stellung des Speditionsgeschäftes in den Seehäfen. Im Vergleich zu den nach den Ruhrhäfen kommenden Mengen überseeischer Erze ist das von den Speditionsfirmen umgesetzte Quantum nicht erheblich. Von den in Düsseldorf ansässigen Firmen mit Eigenhandel betreibt eine hauptsächlich den Handel mit Manganerzen, eine andere mit Abbränden und Schlacken. Die größte dortselbst arbeitende Firma, die auch in Ruhrort vertreten ist, ist nicht ein selbständiges Unternehmen, sondern das Tochterunternehmen eines Rotterdamer Hauses.

Das Schwergewicht des Handels liegt also nach wie vor bei dem ausländischen Handel, der sich durch Niederlassungen und Vertretungen in dem Binnenhafen einen neuen Stützpunkt schuf. Dem Binnenhafenhandel ist es nicht gelungen, jenen zu verdrängen oder auch nur zu überflügeln.

3. Der selbständige Handel und der Werkseigenhandel.

Jedes einzelne Werk vereinigt in sich schon einen sehr großen Bedarf; verbrauchten doch Deutscher Kaiser 1908 an schwedischen Erzen 432 927 t und an spanischen 207 370 t, die Friedrich Alfredhütte 314 231 und 266 031 t, Phönix 183 924 und 97 722 t, die Rheinischen Stahlwerke 236 527 und 183 759 t, die Gutehoffnungshütte 238 365 und 103 804 t. Da mußte geradezu der Gedanke auftauchen, den Bezug dieser Mengen allein zu organisieren, sich vom selbständigen Handel unabhängig zu machen. Infolgedessen übernahm denn auch schon in den 70er Jahren Krupp wie den Transport spanischer Erze nach Rotterdam so auch den Einkauf in eigene Regie, und in neuerer Zeit hat sich Deutscher Kaiser eine ähnliche Organisation, auch eine eigene Flotte, geschaffen[1]). Aber eine Allgemeinerscheinung ist es doch nicht geworden: die andern Hüttenwerke am Rhein betätigen sich nicht nach dieser Richtung. Dem selbständigen Erzhandel stehen offensichtlich aus der Natur seines Geschäftes eine ganze Reihe von Stützen zu Gebote, die ihn auch den ganz großen Verbrauchern unentbehrlich machen. So ist namentlich bedeutsam, daß die Roheisenerzeugung aus technischen Gründen für jede Hochofenbeschickung eine starke Mischung verschiedener Eisenerze erfordert. Heymann[2]) gibt an, daß 1902 das Schalker Werk 68 verschiedene

1) In 1912 erwarb die Gutehoffnungshütte einen Teil der Flotte der „Vereinigte Frankfurter Rhedereien" G. m. b. H,

2) Heymann a. a. O. S. 129.

Sorten möllerte. Die Produktionsorte dieser Erze liegen aber zu sehr auseinander, und auch die Gestehungskosten der einzelnen Gruben sind zu verschieden, als daß ein Hüttenwerk sich überall eine gleich zuverlässige Übersicht über alle Einzelheiten regelmäßig verschaffen könnte. Die Schwierigkeit, die hier vorliegt, kommt schon in der Technik des Erzhandels deutlich zum Ausdruck: es ist nämlich allgemein üblich, daß die Gruben ihre Erze „tel quel“ verkaufen, die Hütten aber sie nach ihrem Eisengehalt „auf Basis“ kaufen. Da muß der selbständige Handel eintreten, der gerade hierauf seine Aufmerksamkeit konzentriert, mit der Produktionsorganisation dafür nichts zu tun hat.

Ein weiterer Grund, weshalb die Werke die Erzversorgung in größerm Umfange nicht aufnehmen, liegt im Transportrisiko. Die Veränderungen in den Frachten lassen sich vom Handel, der ständig damit zu rechnen hat, besser verfolgen und ausnutzen. Die Dampfercharterungen sind auch nicht ohne Einfluß auf den Umstand gewesen, daß die Seehafenfirmen das Erzversorgungsgeschäft sich zum überwiegenden Teil erhalten konnten, wie denn auch aus der Stellung Londons auf dem Frachten-Markte sich der bedeutende Einfluß Londoner Häuser im Erzgeschäft an der Ruhr erklärt. Den Werken fehlt es durchweg an den erforderlichen Einrichtungen, um die mannigfachen Veränderungen der Frachten überschauen zu können. Allerdings ließe sich das Frachtenrisiko dadurch abwälzen, zum mindesten aber vermindern, daß mit einer Transportgesellschaft Durchschnittsfrachten vereinbart würden. Dem steht jedoch die Natur der Seefracht entgegen, die bei Massenstoffen noch ganz und gar in den heißen Wettkampf der Trampdampfer gestellt ist, nicht im leisesten den ausgleichenden Einfluß der Linienschifffahrt erkennen läßt; dies ist auch der Grund, weshalb sich die Hüttenwerke in ihrer großen Mehrzahl nicht eigene Transportorganisationen angliedern — sie würden sich der Aussicht auf die billigsten Frachten berauben, die verhältnismäßig hohen Selbstkosten einer regelmäßigen und doch wegen der Einseitigkeit ihres Transportgeschäftes nicht leicht voll auszunutzenden Schiffahrtsverbindung sich aufladen. Indem der Handel die Vermittlung der Erzbezüge übernimmt, tritt eine Risikoverteilung ein.

Ein gewisser Widerstreit zwischen den Bedürfnissen der Gruben und denen der Werke kommt dabei ebenfalls dem Handel zu statten. Die Gruben, die als Produktionsstätten kein Frachtenrisiko tragen wollen und können, verkaufen mit Vorliebe „frei Dampfer Verschiffungshafen"; die Werke ziehen aber vor, entweder „frei Werk" oder doch „frei Rheinschiff" zu kaufen. Damit ist weiter die Einschiebung des Handels als Zwischenglied gegeben, das den Widerstreit der Interessen zur Lösung bringt.

Endlich darf auch die Tatsache nicht außer acht gelassen werden, daß so manches Hüttenwerk seine Entstehung und weitere Entwickelung gerade den Händlern verdankt, die ihr Kapital in die Produktionsbetriebe gesteckt haben und nun — als sog. Werkshändler — einen starken Einfluß auf die ganze Betriebsführung der Hütten ausüben. Daß diese sich mit ihrer Handelsselbständigkeit nicht bei Seite schieben lassen, versteht sich von selbst. Ihre Macht ist umso größer, als sie vielfach in ähnlicher Weise wie an den Hütten so auch an Erzgruben kapitalmäßig beteiligt sind, und als ein Neuerwerb von Gruben den Hütten dank der Belegung der ergiebigen Erzlagerstätten kaum noch möglich ist.

Der Industrie die mit niedrigsten Kosten gewonnenen Rohstoffe anbieten, immer neue Bezugsgebiete zu erschließen helfen und zur Bedarfsdeckung heranzuziehen, jedem Werke die für seine Zwecke besonders geeigneten Sorten zuzuführen, das ist so recht die Aufgabe des Handels. Mit seiner Beweglichkeit, mit seiner Kenntnis fremder Länder und seinem Wagemut kann er den durch wechselnde Produktionsverhältnisse an ihn gestellten Anforderungen gerecht werden. Und diese Fähigkeit des Handels gereicht sowohl dem Konsum zum Vorteil, wie der Handel selbst dadurch immer wieder die Berechtigung seines Bestehens nachweist.

Anderseits ist jedoch nicht zu verkennen, daß der eigene Grubenbesitz der Hütten, wie er namentlich im lothringisch-luxemburgisch-französischen Minettegebiet, teilweise auch in Spanien und Afrika besteht, und ebenso die langfristigen Lieferungsverträge, welche die Ruhrhütten mit schwedischen Erzgruben abgeschlossen haben, auf die Stellung des selbständigen Handels einen nachhaltigen Einfluß ausüben. Beide Tatsachen sichern den Verarbeitungswerken wenigstens eine bestimmte, wenn auch nicht voll ausreichende Erzmenge zu festen Einstandskosten und machen sie widerstandsfähiger gegen plötzliche Preiserhöhungen und etwaige Bestrebungen des Handels, die auf den Markt zu bringenden Erzmengen zurückzuhalten. Damit sind sie dem Handel eine Mahnung, seinen Geltungsbereich nicht als unentreißbare Domäne zu betrachten und immer von neuem durch Heranziehung noch nicht erschlossener Produktionsgebiete seine Dienste als erwünscht und notwendig hinzustellen.

Diese Beweglichkeit ist für den Handel umso notwendiger, als aller Wahrscheinlichkeit nach irgend welche Kartellbildungen für ihn nicht in Betracht kommen. Allerdings trifft man gelegentlich unter den Erzverbrauchern die Ansicht, es gebe schon feste Abmachungen unter den Händlern. Jedoch läßt sich irgend ein greifbares Zeichen dafür nicht finden, und weitaus überwiegend herrscht denn auch die Meinung, daß nicht einmal eine auch nur einigermaßen enge Fühlung unter den Erzhändlern bestehe. Es fehlt auch die wichtigste Voraussetzung für jede Handelskartellierung: der Zusammenschluß der Produzenten; von einem internationalen Erzgruben-Kartell ist nichts bekannt, und seine Bildung ist höchst unwahrscheinlich, da die Produktionsbedingungen und die produzierten Qualitäten allzu verschieden sind, auch eine gewaltige Menge von Gruben verschiedensten Umfanges vereinigt werden müßte. Da mag der eine oder andere Erzhändler an einigen Erzgruben Besitzrechte haben — von einer Beherrschung des ganzen Handelsgebietes ist für die Gesamtheit nicht die Rede. Es bleibt demnach dabei, daß der Erzhandel die Vielgestaltigkeit der Produzenten und die mannigfachen Bedürfnisse der Verbraucher durch Entfaltung immer neu zu betätigender Initiative zu einander zu bringen hat. Der Wettbewerb ist im Erzhandel noch das schlechthin herrschende Organisationsprinzip.

4. Die Organisation des Eisenhandels.

(Vgl. graph. Darstellung IV und Tabellen 4, 5.)

Die Organisation des Eisenhandels steht natürlich nachhaltig unter dem Einflusse der Tatsache, daß die Hüttenwerke des Ruhrgebietes ausnahmslos dem Roheisensyndikat und dem Stahlwerksverband angehören [1]). Immerhin ist damit der selbständige Roheisenhandel längst nicht in dem Maße ausgeschaltet worden, wie es etwa bei dem Kohlenhandel durch das Rhein.-Westf. Kohlensyndikat geschehen ist; ja die kartellose Zeit (1908—1910) hat sogar neue Handelsgeschäfte zur Entstehung gebracht, die dann bei der Neubegründung des Syndikates eine starke Berücksichtigung erheischt haben — so hat namentlich die Gelsenkirchener Bergwerks A. G. sich damals eine eigene, formell selbständige Verkaufsorganisation im Anschluß an ihre Transportfirma (Raab, Karcher & Co.) geschaffen, auch Krupp hat seinen Verkaufsapparat durch Angliederung der alten Eisenhandelsfirma Cöllen wesentlich erweitert, ferner schuf die Gewerkschaft Deutscher Kaiser in der letzten Zeit die „Eisenhandels-

---

1) Vgl. Kollmann: Der deutsche Stahlwerksverband, und Bonikowski: Der Einfluß der industriellen Kartelle auf den Handel.

gesellschaft m. b. H.“ Hier zeigt sich sehr viel stärker als bei dem Erzbezug der Einfluß der sog. Werkshändler, die zum großen Teil über eine erhebliche Kapitalkraft verfügen und für manches Hüttenwerk die Träger der ganzen Entwickelung geworden sind, haben doch Späther und Klöckner sogar dem Stahlwerksverband lange Zeit hindurch Trotz zu bieten vermocht. Das Roheisensyndikat hat dadurch den Charakter einer Abrechnungsstelle bekommen, während die ganze Last der Handelsinitiative, insbesondere immer neue Absatzmöglichkeiten für die steigende Roheisenproduktion Deutschlands zu entdecken, bei dem eigentlichen Handel verblieben ist.

Dies wird noch dadurch unterstützt, daß die Hütten des Ruhrbezirks jetzt ausnahmslos nicht mehr bei der Roheisenproduktion Halt machen, sich vielmehr zu gemischten Werken ausgebaut haben und so eine gewaltige Mannigfaltigkeit von Stahl- und Walzwerkerzeugnissen neben dem Roheisen ständig zum Verkauf bringen. Für diese ist eine gemeinsame Verkaufsaktion aber nur teilweise eingeführt; selbst im frühern Stahlwerksverband waren ja nur die sog. Produkte A (die schweren Walzwerkserzeugnisse) syndiziert, während die feineren Waren, die Produkte B, nur der Menge nach festgelegt und auch in ihren besonderen Verbänden meist nicht über Preiskonventionen hinausgekommen waren. Da mußte also für diese Erzeugnisse doch der Handel beibehalten werden, und es lag nahe, ihm dann auch den Verkauf des Roheisens ebenso wie denjenigen der Produkte A zu belassen.

Dieser Handel hat seinen Sitz in der Nähe der Produktionsstätten. Gerade Duisburg beherbergt manche der führenden Eisenhandelsfirmen in seinen Mauern, die von hier aus durch ein weit verzweigtes Agentennetz In- und Ausland mit deutschem Roheisen und deutschen Eisenfabrikaten versorgen. Von einer Konkurrenz der Verschiffungshäfen oder gar Londons ist da nicht die Rede.

C. Die Eisen verarbeitende Industrie.

1. Schiffswerften.

Waren die Ruhrhäfen von großer Bedeutung für die Wahl des Standortes der Hüttenwerke, so waren sie für einzelne Zweige der verarbeitenden Industrie geradezu ausschlaggebend. An erster Stelle ist hier der Schiffbau zu erwähnen. Naturgemäß siedeln sich Schiffswerften in unmittelbarer Nähe des Wassers an, wenn sich aber in den Ruhrhäfen mehr Werften niederließen als in den andern niederrheinischen und den oberrheinischen Häfen, so erklärt sich dies durch die Nähe der das Baumaterial liefernden Hüttenindustrie. Schon früh waren in Mülheim mehrere Schiffswerften entstanden; nach dem Handelskammerbericht von 1856 bauten damals 6 Schiffswerften 31 neue Rhein- und Ruhrschiffe. Noch im Jahre der Eröffnung des Duisburger Rheinkanals 1833 wurde auch hier eine Schiffswerft für Fluß- und Dampfschiffe errichtet [1]). Auf der „Insel" im Ruhrorter Hafen begann die Gutehoffnungshütte 1828 mit dem Bau einer Werft, die in erster Linie zur Hebung des Maschinenabsatzes dienen sollte [2]).

Gegenwärtig befinden sich in den Ruhrorter Hafenanlagen noch 4 Schiffswerften. Die Werft der Gutehoffnungshütte ging dagegen 1899 ein. In den Ruhrhäfen ist diese Werft der einzige Versuch geblieben, mit dem gemischten Werk eine Werft für Flußschiffe zu verbinden, obwohl diese Werke in beträchtlichem Umfange Schiffsbaumaterial herstellen.

Mit der Vergrößerung ihrer Rheinflotte sind jedoch die großen Kohlenrhedereien dazu übergegangen, eigene Schiffsreparaturwerkstätten einzurichten, so Harpen, Stinnes, Haniel, Schürmann. Auch der Ruhrfiskus hat für seine Hafenboote in jüngster Zeit eine eigene Werkstatt eingerichtet.

1) Hand.-Bericht Duisburg 1833.
2) Festschrift Gutehoffnungshütte S. 44.

Nach Verdrängung der hölzernen Schiffe durch eiserne wurde die Konkurrenz der holländischen Werften gegenüber den in den Ruhrhäfen gelegenen recht drückend. 1892 klagt der Duisburger Handelskammerbericht, daß die holländischen Werften von deutschen Rheinschiffern bevorzugt würden, was auch heute noch der Fall ist. Als Gründe wurden besonders die billigen Eisenpreise in Holland angeführt [1]), wo die englischen, belgischen und deutschen Werke konkurrierten, so daß die Holländer zu Weltmarktpreisen kaufen konnten, während die Ruhrwerften zu den höhern inländischen Verbandspreisen beziehen mußten. In welchem Umfange Holland am Schiffbau beteiligt war, zeigt folgende Gegenüberstellung [1]):

Kähne und Dampfer für deutsche Rechnung erbaut:

	in Deutschland				in Holland			
	Kähne		Dampfer		Kähne		Dampfer	
	Zahl	Wert in M.	Zahl	Wert	Zahl	Wert in M.	Zahl	Wert
1838—1870	36	—	8	—	102	—	22	—
1870—1879	32	—	30	—	61	—	39	—
1880—1889	141	5 239 280	61	—	207	9 146 040	74	—
1890—1899	124	5 444 900	49	—	339	15 619 290	59	—

Für 1900 wird das Bild vervollständigt durch die Angabe der Tragkraft, dagegen ist nicht nach Kähnen und Dampfern unterschieden. Dieses Jahr zeigt folgende Anteile [2]):

	für deutsche Rechnung		für holländische Rechnung		für belgische Rechnung	
	Schiffe	Tragkraft	Schiffe	Tragkraft	Schiffe	Tragkraft
		Dz.		Dz.		Dz.
auf deutschen Werften	377	2 697 643	25	196 806	1	2 180
auf holländischen „	783	6 491 746	1260	5 080 112	145	422 103
auf belgischen „	70	367 659	64	216 950	212	813 919

1) Hand.-Ber. Duisburg 1892.

2) Derselbe 1901.

Dem Verlangen der deutschen Interessenten nach einem Schutzzoll auf fertige Schiffe wurde weder vom Zollverein noch später Folge gegeben, weil „das Interesse der deutschen Uferstaaten an einem möglichst freien Verkehr auf dem Rhein von Basel bis zur Mündung allen übrigen Interessen vorangehen sollte“[1]). Das Binnenschiffahrtsgesetz brachte zwar das öffentliche Schiffsregister zum Zwecke der Nachweisung der Eigentums- und Pfandrechte am Schiffe; die Vorrangstellung Hollands, welches schon lange Schiffsregister hatte, wurde dadurch aber nicht beseitigt.

In den letzten Jahren hat sich Holland besonders durch die Schaffung von Schiffshypothekenbanken einen Vorsprung vor dem deutschen Flußschiffbau gesichert. Die Duisburger Handelskammer forderte aus diesem Grunde auch für den deutschen Flußschiffbau Hypothekenbanken, um den deutschen Werften mehr Beschäftigungsgelegenheit zu bieten. Diese Forderung wurde besonders von Hamburg aus lebhaft bekämpft, weil man alsdann eine noch größere Überproduktion an Schiffsbauten, wie sie ohnehin bestand, befürchtete. Gewiß ist nicht zu leugnen, daß durch die Schiffshypothekenbanken eine starke Vermehrung der Schiffsgefäße auf dem Rhein eingetreten ist. Den kapitalschwachen Schiffern wurde es gar zu leicht gemacht, ein Fahrzeug zu erhalten. Solange die Beschäftigung auf dem Rhein ausreichend und die Schiffsfrachten befriedigend waren, traten die Schattenseiten wenig oder gar nicht in Erscheinung. Die jüngste Zeit hat aber das Ungesunde in dem Vorgehen der holländischen Werften bzw. der Schiffshypothekenbanken (beider Träger sind dieselben Personenkreise) in der Notlage der Partikulierschiffer deutlich zum Ausdruck gebracht. Viele Mitglieder dieses Standes arbeiteten 1909 und 1910 fast nur für die Hypothekenzinsen und Tilgungen. Das Schiffs-

1) Festschrift Gutehoffnungshütte S. 47.

eigentum sinkt zur Bedeutungslosigkeit hinab, der Schiffer ist vielfach dabei kaum mehr als ein in den Diensten der Hypothekenbanken arbeitender Kapitän.

Durch die ablehnende Haltung auf deutscher Seite gegenüber der Gründung von Schiffshypothekenbanken wird indessen an dem Zustande nichts gebessert, wohl aber würden den deutschen Werften mehr Neubau-Aufträge zufließen und die Arbeitsgelegenheit im Lande vermehrt werden können.

2. Konstruktionswerkstätten und Maschinenfabriken.

Auf die Entstehung von Maschinenfabriken, Konstruktionswerkstätten und sonstigen eisenverarbeitenden Betrieben in den Ruhrhäfen war die Nähe der Kohlenzechen und der Hüttenwerke von erheblichem Einfluß. In den 50er Jahren, als die Hüttenindustrie an den Rhein rückte, ließen sich auch die ersten Maschinenfabriken dort nieder. Aber auch die zunehmende Mechanisierung des Arbeitsprozesses bei der Schiffsbe- und -entladung sowie in den Hüttenwerken ist bedeutsam geworden; ihr verdankt die einen Weltruf genießende Duisburger Kran- und Hebezeug-Industrie den großen Aufschwung. Mitentscheidend war bei den spätern Niederlassungen endlich die Tatsache, daß die Lage an den Ruhrhäfen, inmitten der Stätten des Verbrauchs, einen guten Beschäftigungsgrad erwarten ließ, ein Gesichtspunkt, der bis in die neueste Zeit die Entschließungen der Werke beeinflußt hat. Der Handelskammerbericht Duisburg 1908 führt aus der Metallverarbeitung (Eisen und Stahl) 32 Unternehmen an, die vornehmlich Eisenkonstruktionen, Maschinen, Hebezeuge, Dampfkessel, Armaturen und Gießereierzeugnisse herstellen.

Die eisenverarbeitenden Industrien, die ihr Halbzeug zuerst von den reinen Walzwerken bezogen, sind, nachdem die Walzwerke der Ruhrhäfen dem Wettbewerb der gemischten Werke erlagen, in eine gewisse Abhängigkeit von den Hüttenwerken geraten, indem die Gegenbezüge[1]) einen unerwünschten Umfang angenommen haben: Gegenlieferungen werden nicht nur für einen Teil, sondern für die Summe des ganzen Auftragsbestandes verlangt, so daß die verarbeitenden Betriebe an Materialüberschuß leiden und selbst wieder als Verkäufer auftreten müssen. Auf die Dauer muß diese Art der Begleichung von Verbindlichkeiten, durch welche der Kampf der Hüttenwerke um die Preise teilweise auf die verarbeitende Industrie abgewälzt wird, zu ungesunden Zuständen führen.

Im Absatz hat sich bei der verarbeitenden Industrie eine Verschiebung durch Zollerhöhungen vollzogen, besonders nach der Schweiz und Frankreich. Die Wasserstraße wird bei dem Fernabsatz der Maschinenfabriken und Konstruktionswerkstätten nur zu einem Teil benutzt. Regelmäßig wird sie dagegen in Anspruch genommen bei dem Versand nach Übersee und bei Lieferungen im Inland, wenn der Bezieher unmittelbar am Wasser liegt. Der Vorteil des Wassertransportes wird aber dann aufgehoben, wenn am Bestimmungsorte keine geeigneten Entladevorrichtungen vorhanden sind, so daß wieder eine Umladung auf die Eisenbahn erfolgen muß. Zollerhöhungen eines Absatzgebietes können daher nicht immer durch Transportersparnisse ausgeglichen werden. Um den Absatz nicht ganz zu verlieren, wird in solchen Fällen die endgültige Fertigstellung in das Ausland verlegt, oder es werden dortselbst Zweigniederlassungen errichtet, die dann als Bezieher des eigenen Unternehmens auftreten. In einzelnen Fällen ist man noch weiter gegangen. Wo ein gewinnbringender Absatz nicht mehr zu erwarten war, sind Zeichnungen verkauft worden, so nach Belgien und Österreich.

Den Absatz der Fabrikate kann man zerlegen in: In-

---

1) Bericht der Gen.-Vers. der Deutschen Maschinenfabrik A. G. 1911.

land, europäisches Ausland, Übersee. Im inländischen Absatz ist ein direkter Verkehr zwischen Produktionsstätte und Verbraucher Regelerscheinung. Die Erzeuger sind so bekannt, daß man den Eigenhandel entbehren kann; nur wo Stapelartikel in Frage kommen, bedient man sich des Handels. Aber auch hier macht sich eine Verschiebung insofern geltend, als die Fabriken mehr und mehr dazu übergehen, in den großen Städten dauernd Ausstellungsräume einzurichten und dortselbst eine Vertretung zu unterhalten. Im allgemeinen kann man das Absatzverhältnis dahin kennzeichnen, daß für kleine Artikel ein Eigenhandel besteht, mittelschwere werden durch Kommissionäre und große direkt vermittelt. Bei den großen Aufträgen ist ein direkter Verkehr zwischen Produzent und Konsument schon aus dem Grund geboten, weil hier gewöhnlich besondere Wünsche zu berücksichtigen sind, denen der Handel nicht Rechnung tragen kann. Auch werden viele großen Aufträge auf dem Wege der öffentlichen Ausschreibung erteilt. In einem solchen Falle ist für den Handel erst recht kein Betätigungsfeld gegeben.

Im Absatz nach dem europäischen Auslande liegen die Verhältnisse ähnlich. Auch hier trifft man vielfach einen direkten Verkehr. Die größern Maschinenfabriken unterhalten in den Hauptstädten wie Paris, London, Madrid eigene Vertretungen. Stehen größere Aufträge in Aussicht, so wird ein Werkvertreter an Ort und Stelle entsandt, was bei der heutigen beschleunigten Reisegelegenheit schneller zum Erfolge führt, als wenn man sich des Umweges über den Handel bediente. Zahlungs- und Transportrisiko trägt nicht der Fabrikant, das wälzt er auf den Spediteur ab. Diesem werden die Fabrikate zu einem vorher zu vereinbarenden Satze übergeben, und er hat dann den billigsten Transportweg im eigenen Interesse auszusuchen. Bei der Anlieferung hat er auch den Betrag zu entrichten oder wenigstens Sicherheit zu leisten.

Für den Seehafenhandel ist bei dieser Art der Geschäftsabwickelung kaum Raum; der binnenländische Spediteur nimmt seine Stellung ein. Man braucht den Seehafenhändler nicht für die Verteilung des Risikos nach der Konsumseite, und nach der Produktionsseite ist sein Kredit erst recht entbehrlich.

Um das europäische Auslandsgeschäft besser pflegen zu können, hat man versucht, im Auslande selbst Zweigfabriken zu errichten. In politisch unruhigen Ländern wird das Risiko allerdings recht groß. So erlitt die Duisburger Maschinenbau A. G. an einer Zweigfabrik in Jekaterinoslaw erhebliche Verluste, und das Unternehmen wurde später ganz abzustoßen versucht.

Das Ausschaltungsbestreben der Fabrikanten erstreckt sich auch auf den Übersee-Export. Maschinen-Exporteure nach Übersee sind als Händler in den Ruhrhäfen nicht ansässig. Der Verkehr der Fabrikanten mit dem Seehafen-Exporteur wird indessen nur notgedrungen gepflegt, da die Exporteure den Fabrikanten den Verdienst sehr beschneiden und ihnen noch einen Teil des Risikos aufbürden wollen. Größere Aufträge werden meist ohne Exporteur erledigt. In Südamerika, Ostasien, Australien werden Niederlassungen unterhalten, hier sind auch überall Reiseingenieure tätig.

In der Neuzeit tritt der Fabrikant gar nicht selten als Exporteur einem andern Fabrikanten gegenüber auf. Das ist dann der Fall, wenn er die Ausführung ganzer Anlagen übernommen hat und damit Arbeiten, die teilweise gar nicht in das Arbeitsprogramm seines Unternehmens hineinfallen. Der Besteller legt dann Wert darauf, nur mit einem Lieferanten zu verhandeln, und anderseits übernimmt der Unternehmer die ganze Herstellung, um nicht die auf seinen Betrieb entfallende Produktion zu verlieren. Der Generalunternehmer setzt sich also in solchen Fällen an die Stelle des Exporteurs, und er kann letzteren ausschalten, weil ihm die zur Übernahme derartiger Projekte erforderliche Kapitalkraft zur Verfügung steht. Dem an den Generalunternehmer liefernden Fabrikanten ist diese Art der Geschäftsabwickelung durchaus angenehm. Für ihn erledigt sich die Sache genau so, als wenn er einen inländischen Auftrag auszuführen hätte. Das auf seine Fabrikate entfallende Risiko bei einem Übersee-Auftrag wird von dem Generalunternehmer mit übernommen.

In vielen Fällen wird sich jedoch im Verkehr mit Übersee der Exporthändler nicht ausschalten lassen. Scherbak [1]) betrachtet die Versorgung der überseeischen Absatzgebiete durch den Exporthandel als Regelerscheinung insbesondere nach den asiatischen Ländern.

Je nach den Bestimmungsländern ist der Exporthandel in verschiedener Richtung tätig. Die Versendungen aus den Ruhrhäfen erfolgen entweder über Rotterdam oder Antwerpen, mag nun der Exporteur in Hamburg, Bremen, Rotterdam, Amsterdam, Antwerpen, London seinen Sitz haben. Der Hamburger und Bremer Exporthandel ist in der Hauptsache dort beteiligt, wo es sich um den freien Markt handelt. Rotterdam und Amsterdam bedienen insbesondere die niederländischen, Antwerpen die belgischen, London die britischen Kolonien. Von London aus machen aber auch Bankhäuser Bestellungen, ohne den endgültigen Bestimmungsort anzugeben. Es wird sich dabei um von englischen Banken abhängige überseeische Unternehmungen handeln. Ob für britische Kolonien bestimmte deutsche Maschinenfabrikate von der Ruhr zuerst nach London gehen, um die deutsche Herkunft nicht zu verraten, konnte ich nicht erfahren.

Aus dem Vorhergehenden ergibt sich, daß der Handel im inländischen Absatzgebiet zum großen Teil durch den direkten Verkehr zwischen Produzent und Konsument ersetzt worden ist, dagegen wirkt er noch als Eigenhandel oder als Kommissionär im Kleinvertrieb. Auch im euro-

---

1) **Scherbak: Überseeischer Maschinenexport.**

päischen Absatzgebiet liegen die Verhältnisse ähnlich. Wo der Handel eingreift, ist es der Binnenhandel, selten der Seehafenhandel. Eine Tendenz auf Errichtung von Zweigfabriken und Vertriebsniederlassungen im Ausland ist vorhanden. Soweit nach dem überseeischen Absatzgebiet kein direkter Verkehr stattfindet, hat der Seehafenhandel den Absatz behalten; ein selbständiger Exporthandel ist im Binnenhafen noch nicht zur Entwickelung gekommen.

Die zuerst auf einen mehr lokalen Absatz im engern Industriegebiet aufgebauten Unternehmungen der eisenverarbeitenden Industrien haben demnach ihre Absatzkreise immer weiter gezogen und sind heute zu einem großen Teil in den Weltverkehr verflochten. Mit der dadurch bedingten Ausdehnung des Betriebes, vor allem mit dem vergrößerten Risiko durch Inanspruchnahme des fremden Marktes suchte man dann die Unternehmen auf breitere Schultern zu stellen. Aus den früher rein persönlichen Unternehmungen wurden Aktiengesellschaften: so Harkort (A. G. für Eisenindustrie und Brückenbau vorm. Joh. Kaspar Harkort), Bechem u. Keetmann (Duisburger Maschinenbau A. G. vorm. Bechem u. Keetmann), Tigler u. Co. (Maschinenfabrik Tigler A. G.), Horlohé (A. G. Emscherhütte vorm. Horlohé), Gebr. Bieber (Gebr. Bieber A. G. für Eisenkonstruktion und Fahrradfabrik). Das Aktienkapital ist mit einigen Ausnahmen nicht sehr groß [1]); doch hat man sich von Neugründungen nicht ganz frei gehalten, hat doch die A. G. Harkort 3 Arten von Aktien schaffen müssen. Die letzte Fusion (Duisburger Maschinenbau A. G.—Benrather Maschinenfabrik A. G.—Märkische Maschinenbauanstalt A. G. vorm. L. Stuckenholz) ist zwar aus sachlichen Gründen verständlich; aber wenn daneben gleichartige Unternehmungen wie Maschinenfabrik Jäger, Felix Bischoff, Werkzeugstahlfabrik, den

---

1) Wiedenfeld: Das Persönliche im modernen Unternehmertum. S. 167.

persönlichen Charakter bewahrt haben, so geht daraus hervor, daß auch hier das „Persönliche" noch ziemlich hoch bewertet wird und sich nicht allgemein dem „Sachlichen" unterordnet. Das Persönliche war es auch, was die 1910 mit großer Mühe zustande gebrachte Konvention der Brückenbauanstalten zu Fall brachte.

D. Die Kohlenindustrie.

1. Der Bergbau im Hafengebiet.

Das Hafengebiet war zu Beginn des 19. Jahrhunderts an der Steinkohlenförderung nicht beteiligt. Erst um die Mitte des Jahrhunderts begannen die Versuche, auch in Duisburg Schächte niederzubringen. Der Duisburger Handelskammerbericht erwähnt 1854, daß hier allein gegen 70 Bohrversuche gemacht wurden; die Gesellschaften A. G. Neu-Duisburg, Medio-Rhein und Vulkan begannen auch mit der Niederbringung von Schächten. Zu einer geregelten Förderung ist jedoch keine gekommen. Erst in der letzten Zeit hat der alte Plan, die hier lagernden Kohlen abzubauen, greifbare Gestalt angenommen, indem die Gewerkschaft Diergardt die rechtsrheinischen Felder erworben hat, um sie im Anschlusse an ihren linksrheinischen Besitz auszubeuten. In den 50er Jahren begann auch die Gewerkschaft „Rheinpreußen" in Homberg auf der linken Rheinseite gegenüber von Duisburg mit der Abteufe eines Schachtes, sie konnte aber erst im letzten Viertel des vergangenen Jahrhunderts nach großen Geldopfern in Förderung treten.

Nach dem französischen Kriege begannen dann französische Unternehmer, die den Rhein hinunter bei Hamborn rechtsrheinisch lagernden Kohlenschätze zu erschließen, und zu einem großen ungeahnten Aufschwung kam es hier, als der Gewerke Thyssen für die Gewerkschaft Deutscher Kaiser die Gerechtsame erworben hatte. Ferner betreibt die A. G. Phönix in Meiderich die Zeche Westende, endlich sind die Zechen der Gutehoffnungshütte hier zu erwähnen. Die letztgenannten 3 Komplexe sind besonders auch deshalb bedeutsam, weil sie den Charakter der Hüttenzechen tragen und dadurch trotz ihrer Zugehörigkeit zum Rhein.-Westf. Kohlen-Syndikat tatsächlich von den Fördereinschränkungen des Syndikates nicht getroffen wurden, auch bei schlechtem Wirtschaftsgange vielmehr ihre Produktion auszudehnen vermochten [1]); förderten doch 1910 die Zechen der Gewerkschaft Deutscher Kaiser, die der Gutehoffnungshütte, die Hanielschen Zechen Neumühl und Rheinpreußen, sowie die Phönixzeche Westende 12,081 Mill. Tonnen Steinkohlen, im Jahre 1912 sogar 12,860 Mill. Tonnen [2]) einschl. Zeche Diergardt, die 1912 mit 109 653 Tonnen in Förderung kam.

Die Entwickelungsmöglichkeiten sind mit diesen Zechen aber noch keineswegs abgeschlossen. Einmal geht man rechtsrheinisch im Bereich der Ruhrhäfen mit der Abteufe neuer Schächte vor, und dann dürfte die linke Rheinseite in den nächsten Jahren eine starke Bergbauindustrie zur Entfaltung bringen. Die schon erwähnte

1) Vergl. Wiedenfeld: Das Rhein.-Westf. Kohlen-Syndikat (Moderne Wirtschaftsgestaltungen, Heft 1).

2) Das Verhältnis zwischen der Gesamtförderung der Zechen und dem Eigenverbrauch der Hütten kommt bei der Gewerkschaft Deutscher Kaiser und bei der Gutehoffnungshütte in den Ziffern zum Ausdruck, welche diese für den Kohlenversand der eigenen Häfen angaben; es betrug in Tonnen [3]):

	Deutscher Kaiser		Gutehoffnungshütte	
	Förderung	Versand zu Wasser	Förderung	Versand zu Wasser
1908	3 040 830	880 515	3 000 112	750 853
1909	3 600 045	901 970	3 124 164	863 461
1910	3 940 550	885 409	3 368 528	923 513
1911	4 027 450	1 008 650	3 484 463	898 713
1912	4 144 500	1 147 441	3 572 004	898 168

3) Die Zahlen sind dem Duisburger Handelsk.-Ber. entnommen.

Gewerkschaft Diergardt hat in Hochemmerich eine Doppel-Schachtanlage in Betrieb genommen und erreichte 1913 auf dem rechtsrheinischen dritten Schacht das Steinkohlengebirge. Auch die Bergwerks A. G. Friedrich Heinrich in Lintfort, Kreis Mörs, ein von Frankreich und Belgien aus finanziertes Unternehmen, ist mit einer Doppelschachtanlage in Betrieb gekommen; dagegen haben die Rheinischen Stahlwerke ihre linksrheinischen Abteufarbeiten eingestellt. Hinter Rheinberg haben die Deutschen Solvaywerke 2 Doppelschachtanlagen für Salz- und Kohlengewinnung niedergebracht. Die Gewerkschaft Wilhelmine Mevissen hat 1912 auf ihren 2 Schächten in Asterlagen, Kreis Mörs, das Steinkohlengebirge erreicht, während die Niederrheinische Bergwerksgesellschaft m. b. H. seit 1912 bei Neukirchen im Kreise Mörs mit Abteufarbeiten beschäftigt ist. Anzunehmen ist, daß in absehbarer Zeit auch die Gewerkschaft Rheinland (Familie Haniel), die Gewerkschaft Norddeutschland (Friedr. Krupp A. G.), und der Phönix (der $^{9}/_{10}$ der 100teiligen Kuxen der Felder Eversael, Eversael II und III, Budberg, Budberg III—VIII besitzt), mit der Erschließung der linksrheinischen Besitzungen vorgehen werden. Die rechtsrheinisch gelegenen Zechen Lohberg und Rhein I (Familie Thyssen) sind mit je 2 Schachtanlagen in 1913 in Förderung getreten.

Für all diese Zechen bedeutet ihre Lage unmittelbar am Rhein eine sehr erhebliche Gunst der Frachtsituation, die namentlich dann von entscheidender Bedeutung sein wird, wenn das Rhein.-Westf. Kohlen-Syndikat nicht wieder erneuert werden sollte. Zwar verkauft auch dieses stets loco Zeche und läßt daher die Frachtunterschiede den Produzenten voll zugute kommen; eine Frachtenberechnung nach Schnittpunkten, wie sie bei den Syndikaten der Eisenindustrie üblich ist, besteht hier nicht. Aber was jetzt ein Steigen des Gewinnes bedeutet, wird im System des allgemeinen Wettbewerbes zu einer der wichtigsten Kampfesunterlagen werden und damit den Rheinzechen

Absatzmöglichkeiten erhalten, die den Zechen des Ruhr- und Lippe-Gebietes durch die Notwendigkeit, erst noch die Eisenbahn oder den abgabebelasteten Rhein-Herne-kanal zu benutzen, verschlossen werden können. Die rasche Aufschließungsarbeit, die ein Thyssen seit einigen Jahren in seinem Kohlengebiet vollzieht — er hat dafür zum großen Teil neue, außerhalb des Syndikates verbleibende Gewerkschaften gegründet — hängt sicherlich damit zusammen, daß er sich für den Fall der Nichterneuerung des Kohlensyndikates rechtzeitig rüsten will.

In der Gegenwart allerdings macht die Kohlenförderung der Rheinzechen nur einen Bruchteil der Gesamtförderung des Ruhrkohlengebietes aus: jenen 12 Mill. t des Jahres 1910 und den 12,8 Mill. t des Jahres 1912 steht eine Gesamtförderziffer von 86,8 Mill. t bzw. von 100,1 Mill. t des Rhein.-Westf. Kohlen-Syndikates gegenüber.

2. Die Absatzrichtungen.

Sehr früh schon hatte sich die Kohlenproduktion der Ruhr über jenes Maß erhoben, das im unmittelbaren Produktionsgebiet abgesetzt werden konnte; besonders nach dem Süden, in die Eisengrafschaften Berg und Mark sowie in das Wuppertal wurden Ruhrkohlen auf den Landwegen in Karren und auf dem Rücken der Pferde verfrachtet. Die Ruhrkanalisation 1772 hat dann den Weg zum Rhein in größerer Breite gebahnt, auf dem vor allem Holland und Belgien, bald auch der Mittel- und Oberrhein aufgesucht wurden.

Für den Absatz nach Holland gibt Henz [1]) folgende Versandziffern von Ruhrort in Zentnern:

1832	3 274 491	1836	3 155 415
1833	2 839 665	1837	3 979 636
1834	2 473 134	1838	3 765 672
1835	2 901 309		

1) Henz: Der Ruhrstrom. S. 44.

Für 1841—1848 geben die Mülheimer Handelskammerberichte folgende Zentner-Mengen an[1]):

1841	2 763 660	1844	1 780 965
1842	2 187 930	1846	1 887 928
1843	1 757 970	1848	2 093 715

In den 50er Jahren nahm dieser Verkehr einen beträchtlichen Umfang an. Nach den entsprechenden Handelskammerberichten Mülheims betrug er in Zentnern:

1854	6 121 252	1862	10 084 628
1855	6 797 713	1863	10 893 830
1856	6 022 414	1864	12 180 606
1857	4 631 834	1865	13 790 165
1858	5 698 804	1866	15 290 087
1859	6 246 965	1867	17 165 554
1860	8 511 589	1868	17 118 004
1861	9 454 512	1869	17 518 356

Seitdem ist Holland immer ein wichtiges Absatzgebiet geblieben. Ganz besonders ist der Absatz nach Holland seit der Erneuerung des Kohlensyndikates gestiegen. Der Versand gestaltete sich in Tonnen wie folgt:

1890	1 400 564	1902	1 682 073
1891	1 493 114	1903	2 591 091
1892	1 486 727	1904	2 371 551
1893	1 466 863	1905	2 480 222
1894	1 456 096	1906	2 083 322
1895	1 441 308	1907	1 791 477
1896	1 434 961	1908	2 344 476
1897	1 406 152	1909	3 054 150
1898	1 448 694	1910	3 786 863
1899	1 316 702	1911	4 138 899
1900	1 337 717	1912	4 821 361
1901	1 445 044		

1) Handelsk.-Ber. Mülheim-Ruhr 1841—1848.

Die Zahlenangaben beider Quellen stimmen nicht ganz überein. Der Handelskammerbericht von 1844 gibt für 1837 im Gegensatz zu Henz einen Versand von 4 104 000 Ztr. an.

In Belgien stieß die Ruhrkohle bald auf den Wettbewerb des im Lande selbst gewonnenen Brennstoffes, der übrigens auch in Holland vielfach seinen Absatz fand. Mit der Zunahme der belgischen Industrie, vor allem mit der Steigung des Antwerpener Seeverkehrs wurden jedoch Absatzmöglichkeiten geschaffen, denen die Becken von Charleroi, Lüttich und Mons nicht mehr gerecht werden konnten, und da setzte die Ruhrkohle ein, in zunehmendem Maße auch gegen die englische Konkurrenz bis an die Küste sich Boden erstreitend. So können die Duisburger Handelskammerberichte von 1868, die Mülheimer Berichte sogar von 1867 ab eine Ausfuhr von den Ruhrhäfen nach Belgien regelmäßig anführen.

Die Abfuhr betrug 1867 bereits 64 685 t, sank 1868 auf 43 865 t und 1869 sogar auf 16 810 t; bis 1890 hatte sie aber 248 592 t erreicht und betrug in den folgenden Jahren in t:

1891	183 323	1902	1 114 999
1892	265 055	1903	1,144 092
1893	247 648	1904	1 170 787
1894	273 504	1905	979 374
1895	300 774	1906	1 103 226
1896	389 754	1907	964 095
1897	463 615	1908	1 239 468
1898	597 519	1909	1 722 731
1899	703 166	1910	2 178 660
1900	740 556	1911	2 309 582
1901	805 683	1912	2 867 735

Dabei steht jedoch die Rheinschiffahrt in Wettbewerb mit der Eisenbahn, die auch umso mehr die Transporte an sich reißt, je weniger die Empfangsorte direkt an den belgischen Wasserstraßen liegen. Außer der Eisenbahn-Vorfracht auch noch eine Nachfracht und doppelte Umladung zu tragen, ist der Wasserverfrachtung nicht leicht möglich, da die Gesamtentfernungen zu kurz sind, um den Vorteil der billigen Wasserfracht zur vollen Wirkung zu bringen.

Am Mittel- und Oberrhein hatten sich die Ruhrkohlen gegen die Erzeugnisse des Aachen-Eschweiler- und des Saargebietes durchzusetzen. Dabei war etwa Köln die Grenze, bis zu der die Saarkohle nördlich heraufreichte [1]); hier zugleich die Stelle, wo das Eschweiler Produkt mit der Achse, die Kohle des Wurmgebietes mit der Eisenbahn den Rhein erreichte. Das Schienennetz war es auch — die Köln-Mindener Bahn — das für die Ruhr der wichtigste Träger des Wettbewerbs wurde und namentlich in Konkurrenz mit der Rheinischen Eisenbahn dem Absatz des Wurmreviers entgegen arbeitete [2]). Aber erst die Einführung der Schleppschiffahrt auf dem Rhein erhöhte nachhaltig die Konkurrenzfähigkeit der Ruhrkohlen. So stellte sich der Versand ab Ruhrort in Zentnern [3]):

	bis Düsseldorf	von Düsseldorf bis Cöln	von Cöln bis Coblenz	oberhalb Coblenz	insgesamt rheinaufwärts
1831	644 894	873 498	1 147 720	251 826	2 916 938
1832	940 858	1 204 087	1 138 211	346 022	3 529 178
1833	740 567	925 629	1 140 707	433 100	3 246 003
1834	887 985	1 244 087	1 192 764	290 007	3 614 843
1835	853 512	1 054 356	1 246 298	384 552	3 538 718
1836	937 245	1 005 465	1 282 590	468 840	3 694 140
1837	1 394 051	1 519 331	1 868 058	662 560	5 444 000
1838	1 117 484	1 427 142	1 938 590	932 320	5 313 536

Daraus wurden in den 40er Jahren, als man Ersatz für den zeitweise stockenden holländischen Absatz suchen mußte, folgende Mengen in Zentnern [4]):

1841	8 182 770	1844	8 337 495
1842	7 058 820	1846	8 462 919
1843	8 793 315	1848	10 202 482

1) Handelsk.-Bericht Mülheim 1842.

2) Jahresberichte der Rhein. Eisenb.-Ges. 1845—1848.

3) Henz a. a. O. S. 44.

4) Handelsk.-Ber. Mülheim 1841—1848.

Seitdem hat sich die Ruhrkohle am ganzen Mittel- und Oberrhein ein sehr bedeutungsvolles Absatzgebiet, zum Teil auch noch im Wettbewerb mit der englischen Kohle, mit Hilfe der Rheinschiffahrt erobert (graphische Darstellung V und Tabelle 7).

Wie sich der Absatz nach dem Inlande und nach dem Auslande über die Rheinwasserstraße in den beiden letzten Jahrzehnten gestaltet hat, zeigt die graphische Darstellung VI (vergl. Tabelle 7). Den Anteil der öffentlichen und privaten Häfen an der gesamten Kohlenabfuhr zeigen die graphische Darstellung VII und Tabelle 6.

3. Die Organisation des Kohlenhandels.

Der Kohlenhandel hatte seinen Hauptsitz ursprünglich in Mülheim-Ruhr, in unmittelbarer Nähe der Zechen. Schon 1787 leisteten nicht weniger als 28 Kohlenhändler ihre Unterschrift gegen die Unredlichkeit der Nachenknechte bei der Verschiffung der Kohlen auf der Ruhr [1]). Die meisten Kohlenhändler waren zugleich Schiffsbesitzer und Gewerke; erinnert sei hier an das Haus Matth. Stinnes. Wenn auch der Magistrat in Ruhrort bereits 1748 einem D. Lohmann im Stadtgraben am Kastellturm einen Kohlenniederlageplatz und 1756 einer Firma Vielhaber u. Co. auf der Stadtbleiche einen Platz zum Kohlenlagern überwiesen hatte [2]), so griff der Kohlenhandel doch erst nach der Ruhrkanalisierung nach dem Rhein über. In Duisburg, das erst 1844 mit dem Kohlenbergbau an der Ruhr unmittelbare Verbindung erhielt, kam ein Kohlenhandel verhältnismäßig spät auf; 1862 verzeichnet der Handelskammerbericht aber doch schon unter den Gewerben und Handlungen 10 Kohlenhandlungen, ohne den mit Kramläden verbundenen Kohlenverkauf. In Duisburg

---

1) Münker: Denkschrift zur Hundertjahrfeier der Stadt Mülheim an der Ruhr, S. 227.

2) Polster: Zur Geschichte und Entwickelung des Kohlenhandels, S. 10.

sowohl als auch in Ruhrort wurde der sich mehr lokal betätigende Kohlenhandel recht eigentlich durch die Eisenbahn in die Höhe gebracht. Durch die veränderten Transportverhältnisse und durch die mit der Zeit entstandenen vielen Kohlensorten erhielt der Hafenhandel eine starke Stütze, die begünstigte geographische Lage verschaffte ihm fast ein natürliches Monopol; in den Hafenlägern konnte er die mit den ankommenden Sorten vorzunehmenden Arbeiten des Mischens und Überladens beaufsichtigen und leiten, sowie mit den Schiffern enge Fühlung unterhalten.

Wenn auch die Gruben infolge der wirtschaftlichen Krise zu Ende der 50er Jahre zur Erhöhung des Absatzes mehr und mehr direkte Verbindungen mit den Verbrauchern anknüpften und zur leichtern Andienung die Kohlen nicht mehr in ihre Halden, sondern in die Magazine Ruhrorts und Duisburgs legten [1]), wenn ihnen auch durch ein reichliches Schiffsangebot die zeitweise Ausschaltung der Handelsvermittlung erleichtert wurde, so ist die Befürchtung der Duisburger Handelskammer, daß Duisburg aus einem Kohlenhandelsplatz ein Kohlenspeditionsplatz werden würde, doch nicht eingetreten. Je größer die Förderung wurde, je entferntere Absatzgebiete herangezogen werden mußten, und je größere Mannigfaltigkeit in den Sorten herrschte, desto mehr waren die Zechen auf die Vermittlerrolle des Handels angewiesen; dazu trat noch die Möglichkeit der Abwälzung des Risikos der Lagerhaltung und der schwankenden Frachten. Zwar hat der direkte Bezug von den Zechen durch größere Verbraucher nie ganz aufgehört, und mit der Zunahme der Rheinverschiffung bildete sich auch ein selbständiger Kohlenhandel am Mittel- und Oberrhein sowie in Holland und Belgien, aber diese Erscheinungen sind doch nicht ausschlaggebend geworden. Durch Verbindung von

1) Handelsk.-Ber. Duisburg 1862.

Zechenbesitz mit Schiffsbesitz und Handel wurde der Handel in Duisburg und Ruhrort wesentlich gestützt, einige Firmen konnten dadurch sogar eine überragende Stellung einnehmen, so daß die Duisburger Handelskammer darin gar eine Gefahr für die reinen Händler und die Frachtschiffer erblickte [1]). Bis zum letzten Viertel des 19. Jahrhunderts blieben Matth. Stinnes und Haniel die einzigen Zechenrhedereien, dann kamen noch Gebr. Kannengießer, deren Firma von der Harpener Bergbau A. G. übernommen wurde, und Hugo Stinnes, der die Händlerfirma Fr. Becker übernahm, hinzu. 1905 erwarb Harpen auch noch die Zentral A. G. für Tauerei und Schleppschiffahrt. Neben dieser Gruppe bestand noch diejenige der Kohlenhandelsrhedereien, die Kohlenhandel mit Schiffahrt verband.

Als die Gründung des Kohlensyndikates den Wettbewerb der Händler auf das Gebiet des Transportes verlegte, zeigten sich zwar bald Ansätze zur Bildung einer Vereinigung, um dem schrankenlosen Wettbewerb Einhalt zu gebieten; aber ein Ergebnis wurde nicht erzielt. So bereitete sich 1896 nach dem Duisburger Handelskammerbericht eine Vereinigung der Hafenkohlengroßhändler vor, und 1901 schlossen Duisburger, Mülheimer und Mainzer Kohlengroßhändler eine Preiskonvention [2]); als aber die Abschwächung am Kohlenmarkte zunahm, teilte sie das Schicksal so mancher losen Konventionen, die gewöhnlich dann versagen, wenn sie am nötigsten gebraucht werden. Erst die Gründung des Kohlenkontors brachte dem Handel einen festgefügten Zusammenschluß.

An dem Standort des Handels haben weder das Syndikat noch das Kohlenkontor etwas geändert. Die Ruhrhäfen sind der wichtigste Platz für den Kohlenhandel und vor allem für den Wasserumschlag geblieben. Allerdings

---

1) Handelsk.-Ber. 1867.
2) Bonikowski a. a. O. S. 251.

behielten einige bedeutende Häuser wie Matth. Stinnes, Hugo Stinnes, Harpener Bergbau A. G. unter dem Einfluß der geschichtlichen Entwickelung ihren Sitz in Mülheim, und darauf ist es auch zurückzuführen, daß das Kohlenkontor 1904 nicht etwa nach den Ruhrhäfen oder nach Essen, sondern nach Mülheim kam, trotzdem viele Mitglieder des Kontors ihren Sitz in Ruhrort und Duisburg hatten, wie Haniel, Raab Karcher u. Co., Schürmann, de Gruyter, Disch. Aber das Hauptkontor für die Verschiffung mußte doch in die Häfen gelegt werden, und den weitaus größten Teil der Kohlenlagerplätze in den neuen fiskalischen Ruhrhäfen nehmen das Kohlenkontor und das Kohlensyndikat ein; ebenso errichteten die Mülheimer Mitglieder des Kohlenkontors, mittel- und oberrheinische, holländische und belgische Firmen in den Häfen, als den nicht zu umgehenden Kohlenumschlagsplätzen, Niederlassungen. Die Stellung der Häfen in der Verschiffung der Kohlen bewirkte weiterhin, daß mit den steigenden Versandmengen die Kohlenspedition an Bedeutung gewann; insbesondere wurde ihr Betätigungsfeld durch die zunehmenden Mengen an Exportkohlen erweitert, und auch die außersyndikatlichen Zechen geben der Spedition neue Nahrung, mögen sie nun ihre Handelsorganisation wie die Zeche Friedrich Heinrich-Lintfort in Düsseldorf, Straßburg oder wie die königl. Bergwerksdirektion Recklinghausen wenigstens teilweise in Duisburg haben.

Die Gunst der geographischen Lage wird dem Kohlenhandel wie der Kohlenspedition in absehbarer Zeit immer eine beträchtliche Beschäftigung sichern, auch wenn der Rhein-Hernekanal 1914 in Betrieb genommen sein wird. Dem Kohlenhandel der Ruhrhäfen wird der Kanal überhaupt keinen Abbruch tun können, solange das Kohlensyndikat und das Kohlenkontor bestehen; denn die syndizierten Kohlen werden auch jetzt ab Zeche verkauft, und wo dieselben auf den Wasserweg übergehen, ist zunächst ohne Bedeutung für den Handel. Weniger geklärt erscheint die Lage der Kohlenspedition, da voraussichtlich ein Teil der zum Versand gelangenden Kohlen nicht mehr in den Ruhrhäfen zum Umschlag kommen wird, zumal die größten auf dem Kanal verkehrenden Kähne bis 1100 t Tragkraft aufweisen können; das ist aber eine Abmessung, wie sie auf dem Rhein sehr häufig anzutreffen ist. Anderseits wird die Benutzung des Kanals durch den verteuernden Betrieb allen den Zechen nicht erstrebenswert erscheinen, die nicht unmittelbar am Kanal liegen oder doch nicht mit geringen Kosten Anschluß finden können. Für sie werden nicht die Kanalhäfen, sondern die Ruhrhäfen der gegebene Umschlagsort sein, ganz abgesehen davon, daß Kohlensyndikat und Kohlenkontor für eine zu starke Ablenkung des Kohlenverkehrs mit Rücksicht auf ihre in den Ruhrhäfen gelegenen Anlagen kaum Interesse zeigen dürften. Außerdem wird die steigende Förderung der auf die Ruhrhäfen angewiesenen Zechen soviel Mehrverkehr bringen, um wenigstens einen Ausgleich gegenüber den etwa verloren gehenden Mengen zu schaffen. Wahrscheinlich werden aber auch Kohlenspeditionen der Ruhrhäfen in den größern Kanalhäfen Niederlassungen errichten, so daß diese Häfen für die Ruhrkohle, soweit sie auf den Wassertransport angewiesen ist, nach wie vor eine beherrschende Stellung einnehmen werden; durch den Kanal kann diese jedenfalls nicht erschüttert oder gebrochen werden.

C. Die Mühlenindustrie.

1. Die Entstehung der Mühlenindustrie.

Errang Ruhrort eine überragende Bedeutung im Kohlenverkehr, so hat Duisburg den gleichen Erfolg im Getreideverkehr zu verzeichnen: im Duisburger Hafen haben sich die großen Importmühlen und auch der Getreidehandel angesiedelt. Hierzu hat ein Beschluß des Rhein- und Ruhrkanal-Aktienvereins vom 25. April 1884 die Grundlage gegeben. In dieser Versammlung wurden

„Verwaltungsrat und Direktion ermächtigt, zur Belebung des Hafenverkehrs am Hafen gelegene Grundstücke, namentlich auch Magazinplätze, unter bestimmten Bedingungen (Wiederkaufsrecht u. ä.) zu verkaufen, wenn auf dem zu verkaufenden Gelände eine größere industrielle oder kommerzielle Anlage errichtet werden solle, deren Errichtung einen erheblichen Verkehr für den Hafen herbeiführen werde“ [1]). Auf diesen Beschluß basiert die Entwickelung Duisburgs als Getreideumschlagsplatz: Mühlen und Lagerhäuser bekamen dadurch einen gesicherten Standort, sie konnten dadurch größeres stehendes Kapital in den Dienst der Produktion und des Handels stellen, ohne in absehbarer Zeit eine Betriebsverlegung befürchten zu müssen. Dagegen ist dem Ruhrorter Getreideverkehr geradezu zum Verhängnis geworden, daß die Ruhrhafenverwaltung den gleichen oder einen ähnlichen Weg bis zur Erbauung der letzten Erweiterungsanlagen nicht beschritt; hatte Ruhrort doch bis 1884 einen stärkern Verkehr in Getreide als Duisburg. Die Ruhrorter Handelskammer führte allerdings die Überlegenheit Duisburgs allein auf die ungünstige tarifliche Stellung Ruhrorts zum bergischen Lande zurück und führte deshalb bereits 1887 bei der Eisenbahnverwaltung dieserhalb Beschwerde. Jedoch ohne Erfolg, sie mußte auch selbst zugeben, daß Duisburgs Tarifstellung zu den Städten Elberfeld, Barmen nur auf derselben Gunst der geographischen Lage beruhe, wie Ruhrort sich ihrer für den Kohlenverkehr mit dem Ruhrgebiet erfreue [2]). Die Stellung beider Häfen im Getreideverkehr geht aus der nachfolgenden Gegenüberstellung der Anfuhren zu Wasser hervor. Sie betrugen in Tonnen [3]):

1) Goecke: Der Duisburger Hafen.

2) Verwaltungsbericht der Stadt Duisburg 1887.

3) Handelsk.-Ber. Duisburg 1881—1905. Handelsk.-Ber. Ruhrort 1902/03.

(Seit 1893 sind die Ruhrorter Verkehrsziffern den Duisburger

	Ruhrort	Duisburg		Ruhrort	Duisburg
1881	139 461	51 196	1894	170 059	341 944
1882	99 183	75 428	1895	188 610	350 882
1883	115 016	97 870	1896	187 460	480 928
1884	133 278	124 892	1897	131 389	490 810
1885	95 649	147 100	1898	164 861	558 792
1886	72 130	168 777	1899	119 186	553 880
1887	84 411	190 261	1900	88 036	596 656
1888	95 363	219 164	1901	74 754	581 058
1889	102 213	233 471	1902	63 100	616 935
1890	106 045	255 116	1903	86 342	674 122
1891	117 876	295 420	1904	93 369	646 410
1892	99 401	239 152	1905	103 983	667 328
1893	135 494	255 752			

In den 90er Jahren schwoll der Ruhrorter Getreideverkehr zwar auch etwas an, doch wurde er von dem Duisburger weit in den Schatten gestellt: hier ist ein fast ununterbrochenes Aufsteigen, dort ein Rückgang oder doch eine Stagnation.

Von dieser Entwickelung entfällt allerdings der Löwenanteil auf den reinen Umschlag in Getreide, das im Rohzustand von Duisburg aus dem weiten Hinterlande geliefert wird. Daß aber auch die Getreide verarbeitende Industrie, vor allem die Mühlen, in erheblichem Grade den Zuwachs mit herbeigeführt haben, geht aus der steigenden Zahl solcher Unternehmungen und aus der immer größer werdenden Menge Getreide hervor, die einzelne dieser Werke bezogen haben: von Getreide verbrauchenden

Jahresberichten entnommen, da die beiden Quellen nicht übereinstimmen, die Duisburger Berichte aber die für Ruhrort günstigsten Zahlen aufweisen.) Nach der Hafeninteressengemeinschaft 1905 erschienen die Verkehrsziffern für die beiden Häfen bis 1910 nicht mehr getrennt. 1911 war das Verhältnis 89 155 t und 739 964 t. Die Stellung Ruhrorts hat sich demnach eher verschlechtert als gehoben.

Unternehmungen waren 1881 nach den Handelskammerberichten vorhanden 4 Dampfmühlen, 13 Brauereien; 1885 — 5 Dampfmühlen, 10 Brauereien; 1890 — 6 Mehlmühlen, 2 Mälzereien, 6 Brauereien; 1895 — 6 Mehlmühlen, 2 Mälzereien; 1905 — 4 Dampfmühlen, 4 Brauereien, 1 Mälzerei; davon bezog eine einzige Großmühle 1888 schon 38 899 t allein auf dem Wasserwege, 1890 bereits 55 845 t, 1905 aber 101 753 t [1]).

In der Gegenwart beträgt die Gesamtzahl der im Duisburger Handelskammergebiet angesiedelten Mühlen 7. Davon beschäftigen 3 je mehr als 50 Arbeiter, sind also zu den größten Werken Deutschlands zu zählen. Die andern halten sich zwischen 7 und 40 Beschäftigten. Kleinmühlen, die noch direkt für die Produzenten in Lohn arbeiten, gibt es im Hafenbereich nicht.

Die zwei größten Mühlenbetriebe des Duisburger Hafens sind von Witten heruntergekommen. Dort wurde noch in den 60er Jahren vornehmlich der kleine westfälische Weizen verarbeitet, in Notfällen auch ungarischer Rohstoff. Von 1871 ab wurde dann rumänisches und südrussisches Getreide über Antwerpen, Rotterdam und Duisburg herangezogen, und das gab den Anlaß zur Abwanderung an die Ruhrmündung; denn um an Transportkosten zu sparen, legte man 1884/85 in den Duisburger Hafen eine Zweigniederlassung, in der mehr und mehr die ganze Mehlerzeugung konzentriert wurde. Für die Duisburger Großmühlen war es daher keineswegs zutreffend, wenn der Ruhrorter Handelskammerbericht 1899 die „Riesenimportmühlen" als „Spekulationsmühlen", als „auf Spekulation basierte Unternehmungen" bezeichnet [2]), die Entwickelung stützte sich hier vielmehr auf die Notwendigkeit, dem riesenhaft ansteigenden Bedarf des rheinisch-

1) Handelsk.-Ber. Duisburg.

2) Als Beispiel führt der Bericht die Ludwigshafener Walzenmühle mit 10 000, die Mannheimer A. G. mit 7 000 Ztr. täglicher Leistung an.

westfälischen Industriegebietes in immer größerm Umfange ausländisches, auf dem Rhein herankommendes Getreide zuzuführen. Die Art des Rohstoffbezuges bestimmte hier den Standort.

Dagegen spielt der Rhein als Absatzweg keine irgend nennenswerte Rolle. Nach den entsprechenden Duisburger Handelskammerberichten gingen an Mehl und Mühlenfabrikaten zu Tal in Tonnen:

1886	80	1900	997
1888	22	1901	709
1890	10	1902	699
1891	92	1903	1 019
1892	380	1904	1 307
1893	1 872	1905	823
1894	1 665	1906	2 481
1895	1 931	1907	6 673
1896	1 104	1908	1 646
1897	2 371	1909	2 390
1898	2 352	1910	4 345
1899	1 004	1911	3 235
		1912	3 103

Wie unbedeutend diese Abfuhr ist, ergibt sich aus einem Vergleiche mit der Eisenbahnabfuhr. Diese betrug in Tonnen:

1894	72 794	1900	110 298
1895	88 104	1901	123 747
1896	95 271	1902	141 934
1897	103 260	1903	146 921
1898	98 049	1904	152 896
1899	98 993		

Die Transportvorteile, die der Rohstoffbezug von der Seeseite bot, konnten demnach durch den Absatz nach dieser Richtung nur unwesentlich verstärkt werden (Tabelle 11).

Der Bezug ausländischen Getreides ist von mehreren Seiten her noch über das Maß hinaus gesteigert worden, das sich von der Bevölkerungszunahme her bestimmt.

Dem ausländischen Rohstoff kam zu statten, daß er in loser Schüttung ankam, wodurch die Überführung vom Schiff in die Mühle wesentlich erleichtert und verbilligt wurde, und daß er trotz großer Mengen eine einheitliche Qualität aufwies, wohingegen sich im Inland ein Qualitätswechsel vollzog: der alte kleberreiche Landweizen wurde durch die sog. englischen Weizensorten ersetzt, die zwar ergiebiger sind, aber wenig Kleber enthalten und deshalb zur Herstellung backfähigen Mehles einer Mischung mit besonders kleberreichen Sorten bedürfen, wie sie das überseeische Ausland liefert. Außerdem wurden die inländischen Sorten nach der Schaffung der Einfuhrscheine vielfach exportiert. Je nach dem Ernteausfall kann das inländische Getreide nur einen mehr oder minder hohen Bruchteil des Fabrikates stellen, bemerkt doch 1903 der Duisburger Handelskammerbericht, daß nur 14—20% Inlandsware dem Fabrikate beigemischt werden konnte.

2. Die Einkaufsorganisation.

Solange das inländische Getreide für den Mühlenbetrieb in der Hauptsache ausreichte, vollzog sich bei allen Mühlen der Einkauf in den bekannten Formen durch Vermittlung der Makler, durch Ankauf auf den Fruchtmärkten oder auch durch unmittelbares Angebot größerer Produzenten. Als man aber in den 60er Jahren begann, entfernte Produktionsgebiete heranzuziehen, da mußte das Geschäft notwendigerweise eine Umgestaltung erfahren. Der selbständige Getreidehandel kam in die Höhe, der in den fernen Produktionsgebieten seine eigene Einkaufsorganisation unterhält und nun die gewaltigen Mengen, die er in ganzen Seeschiffsladungen heranzieht, auf die Vielheit der Verarbeiter verteilt, auch die Lagerung besorgt und sich schmiegsam zwischen die ewig schwankende Urproduktion und den gleichmäßig sich bewegenden Verbrauch einschiebt. Nur die allergrößten Mühlen haben sich einen eigenen Einkaufsapparat geschaffen, und auch sie greifen, da sie regelmäßig Getreide verschiedener Herkunft vermahlen, noch auf den selbständigen Getreidehandel zurück. So hat das Rosiny'sche Unternehmen — in Fortführung der bis dahin allgemein üblichen Einkaufsform — schon in der zweiten Hälfte der 60er Jahre, als von Ungarn, Rumänien, Südrußland Getreide bezogen werden mußte, zunächst in Ungarn den Einkauf selbst besorgt, und 1879 wurde der direkte Einkauf in Odessa organisiert, indem ein Beamter der Firma dort dauernd stationiert wurde, der sowohl das Einkaufsgeschäft wie die Verschiffung der Getreidemengen mittels Seedampfer nach Rotterdam zu besorgen hatte; 1890 wurde auch die Spedition in eigene Verwaltung genommen. Jedoch haben die andern Mühlen einen ähnlichen Weg nicht eingeschlagen. Diese Schritte konnte eine große Mühle unternehmen, da sie so große Mengen vermahlt, daß auch große Quanten auf einmal bezogen werden können; außerdem sichert der große Bezug gegen quantitative Schwankungen, die Wasserlage der Betriebsstätte ermöglicht ein bequemes Löschen, und im Notfalle können Kähne zum Lagern benutzt werden, wie in 1903/04; Schwankungen in den Rheinfrachten lassen sich durch Jahresmieten ausgleichen, da der zu übersehende Bedarf und die Kapitalkraft dieses zuläßt. Eine Ergänzung des Bezuges vom Handel her ist zudem immer möglich.

Aber diese Bezugsorganisation konnte nur da geschaffen werden, wo früh eingegriffen wurde, als noch kein solider Handel vorhanden war, und wo auch heute noch, wie in Südrußland, die Solidität des Exporthandels zu wünschen übrig läßt. Dagegen ist ein solcher Aufbau im Bezug von argentinischem, nordamerikanischem und indischem Getreide durch die anders gearteten Verhältnisse nicht erreicht worden: in Nordamerika steht die Gradierung im Wege, in Argentinien aber wird der ganze Export von wenigen Firmen beherrscht. Eine Zunahme in der Eigenbezugsorganisation ist daher auch nicht festzustellen.

3. Die Absatzgestaltung.

Der Schwerpunkt der Duisburger Mühlenindustrie lag ursprünglich in der Roggenmehlerzeugung. In den 90er Jahren trat dann die Weizenmehlfabrikation in den Vordergrund, wohingegen man die früher nicht unbedeutende Buchweizenmehlherstellung infolge der veränderten Geschmacksrichtung mehr und mehr fallen ließ.

Als Absatzgebiete kamen und kommen an erster Stelle die großen Konsumplätze des niederrheinisch-westfälischen Industriegebietes in Frage; vermittels der Zweigstellen kann noch über Dortmund hinausgegangen werden. Daneben geht der Absatz auch zum Mittelrhein, wo Koblenz ziemlich die Grenze bildet. Derjenige nach dem Oberrhein spielt dank der Konkurrenz der oberrheinischen Mühlen in Weizenmehl keine Rolle. Seit 1885 gingen über den Rhein zu Berg in Tonnen [1]):

1885	2 311	1892	6 663	1899	5 041	1906	5 812
1886	4 894	1893	5 856	1900	6 170	1907	4 289
1887	6 620	1894	9 233	1901	5 297	1908	3 860
1888	5 554	1895	8 626	1902	6 256	1909	5 859
1889	8 454	1896	9 649	1903	6 086	1910	6 804
1890	6 311	1897	9 761	1904	5 878	1911	8 466
1891	5 695	1899	10 724	1905	6 554	1912	5 263

Die Ausfuhr nach Holland und Belgien, die wiederholt durch Zollverhältnisse bedroht wurde, hat trotz günstiger Frachtenlage durch den Rhein keinen größern Umfang annehmen können, obschon sich diese schon früh dorthin richtete. Die Anwendung neuzeitlicher Technik in den dortigen Mühlen und das Aufkommen amerikanischen und französischen Wettbewerbs (letzterer arbeitete dazu noch mit einer verschleierten Ausfuhrprämie) erschwerten das Geschäft. Der Handelskammerbericht

1) Handelsk.-Ber. Duisburg 1873—1911. (Die Berichte trennen Berg- und Talabfuhr erst seit 1879. In diesem Jahre betrug die Bergabfuhr 15 Tonnen, 1883 und 1884 verzeichnen keine Abfuhr. Die Talabfuhr war unbedeutend.)

Duisburg 1907 bezeichnet denn auch die Ausfuhr des Bezirks als unbedeutend.

Aber nicht nur im Auslande, sondern auch in ihrem natürlichen Absatzgebiet wurde den Mühlen eine scharfe Konkurrenz bereitet. Einmal machten ihnen die Mühlen des Hinterlandes selbst den Absatz streitig. Sodann bewirkte die starke Betonung des Roggenmehlverbrauchs, daß in den 90er Jahren die ostdeutschen u. Nordseemühlen in das Industriegebiet einzudringen suchten: die nordischen Werke schickten Anfang der 90er Jahre Mehl ohne Umladung über Rotterdam den Rhein hinauf in das unmittelbare Absatzgebiet der Ruhrmühlen [1]); die ostdeutschen Mühlen aber konnten mit Hülfe der Staffeltarife, und während des Zollkrieges mit Rußland zu einem verstärkten Inlandsabsatz gezwungen, einen Teil ihrer Produktion in das Industriegebiet senden. Die süddeutschen Unternehmungen endlich drangen auf dem Rhein mit ihren Fabrikaten bis in das Herz des Industriegebietes vor.

Bergwärts gingen auf dem Rhein an Lobith vorbei in Tonnen [2]):

1890	48 930	1895	34 242
1891	43 706	1896	50 128
1892	29 902	1897	62 342
1893	46 363	1898	62 287
1894	38 958	1899	56 257

In dem Duisburger Hafen kamen zu Berg an in Tonnen [3]):

1877	150	1086	9 308	1895	5 571	1904	7 463
1878	1 244	1887	8 547	1896	6 741	1905	11 077
1879	1 823	1888	8 408	1897	5 815	1906	16 383
1880	2 095	1889	7 528	1898	6 585	1907	13 387
1881	1 742	1890	7 805	1899	4 505	1808	10 959
1882	2 714	1891	9 150	1900	7 703	1909	12 021
1883	2 254	1892	5 083	1901	7 851	1910	18 969
1884	3 383	1893	5 009	1902	5 270	1911	16 409
1885	5 727	1894	7 471	1903	9 045	1912	12 462

1) Handelsk.-Ber. Duisburg 1891.

2) Stubmann: Holland und sein deutsches Hinterland in ihrem gegenseitigen Warenverkehr S. 13.

3) Handelsk.-Ber. Duisburg.

Bedeutender als die Anfuhr zu Berg hat sich diejenige zu Tal, von den mittel- und oberrheinischen Mühlen, gestaltet. Sie betrug in Tonnen[1]):

1906	4 150	1909	13 833
1907	7 795	1910	18 880
1908	9 904	1911	31 241
		1912	29 128

Die oberrheinischen Mühlen haben ihren Absatz nach dem Ruhrgebiet in den letzten Jahren bemerkenswert gesteigert, und eine Mannheimer Firma hat sich sogar jüngst durch den Ankauf der Vedder'schen Mühle bis in den Duisburger Hafen selbst vorgeschoben.

Dieser heftige Konkurrenzkampf gestaltete die Lage der mittleren Mühlen des Ruhrhafenbezirks besonders schwierig. Da sie in stärkerm Maße auf inländische Ware angewiesen waren, machte sich der Abfluß dieser Ware in der Zeit des Einfuhrscheinsystems merklich fühlbar. Bei dem Bezuge ausländischen Getreides genießen die Großmühlen aber durch ihre Wasserlage einen Frachtvorsprung, und bei dem vornehmlich auf das Inland beschränkten Absatz kommt ihnen die vollkommenere Absatzorganisation zu gute.

Diese Organisation mußte mit der steigenden Produktion auf der einen und der wachsenden Konkurrenz auf der andern Seite neue Formen annehmen, besonders als man versuchte, in die engern Kanäle des Konsums hineinzudringen. Die Aufmerksamkeit der Konsumenten suchte die einzelne Mühle dadurch besonders auf sich zu lenken, daß sie nicht Mehl schlechtweg in den Handel brachte, sondern ihrem Erzeugnis einen bestimmten Namen beilegte, und durch diese Markenware konnte einer Verwechselung mit den Erzeugnissen der konkurrierenden Mühlen auch in weit entfernten Orten vorgebeugt werden. Voraussetzung der in der Markenware liegen-

1) Handelsk.-Ber. Duisburg.

den Geschmacksbeeinflussung der Verbraucher ist ein qualitätsgleiches dauerndes Angebot, eine Massenherstellung, wie sie nur von der Großmühle betrieben werden kann. Der Erfolg des Absatzes von Markenmehl wurde noch dadurch verstärkt, daß man in den Industriezentren, diesen konzentrierten Konsumstätten, eigene Verkaufsstellen einrichtete. Durch diese kann dem Konsum in viel ausgedehnterem Maße in all seinen Eigenheiten nachgegangen werden, als dies aus größerer Entfernung möglich wäre, und die Verschaffung der für den gesicherten Absatz erforderlichen Kreditunterlagen ist so wesentlich erleichtert. Eine weitgehende Anpassung an die Bedürfnisse des kleinen Haushaltes, ein Hineingehen in die letzten Konsumkanäle, wie es vollkommener fast nicht erreichbar erscheint, wurde dann noch durch die 5 Pfd.-Packung erreicht. Wenn auch in diesen Packungen an Kolonialwarengeschäfte abgesetzt wird, so hat die ganze Verkaufsorganisation doch eine Ausschaltung von Zwischengliedern in gewissem Umfange zur notwendigen Folge. Vollständig wurde diese Ausschaltung im Verkehr mit den Großbäckereien erreicht. Die großen Dampfbäckereien verarbeiten ganz bedeutende Posten Mehl, das mit Rücksicht auf die maschinelle Verarbeitung von gleichmäßiger Qualität sein muß, weshalb schon aus rein technischen Gründen diese Kundschaft vornehmlich den Großmühlen zufällt. Auch die größern Konsumenten in der Landwirtschaft, besonders die landwirtschaftlichen Bezugsgenossenschaften, bedienen sich nur selten des sog. Landesproduktenhandels, sondern wenden sich bei ihren Eindeckungen unmittelbar an die Mühlen. Diese weit gegliederte Verkaufsorganisation zwingt zu einer größern Kapitalbindung nicht nur durch Errichtung von Verkaufsstellen als solche, sondern auch durch eine Vergrößerung des Fuhrparks, da in vielen Fällen das Fabrikat frei Verbrauchsstelle geliefert wird, und endlich durch einen größern Bestand an Säcken, denn die Verwendung von Leihsäcken verbietet sich schon durch den verhältnismäßig langen Umlauf.

III. Die Häfen und der Handel.

A. Der Getreidehandel.

1. Die Entwicklung des Getreidehandels (Tabellen 8 u. 10).

Die Duisburger Mühlenindustrie verarbeitet nur einen Teil des in den Ruhrhäfen ankommenden Getreides. Bei weitem das meiste wird nur umgeschlagen, und der selbständige Getreidehandel ist jetzt als einer der wichtigsten Zweige des Duisburger Wirtschaftslebens zu bezeichnen, der im Gesamtbilde der Ruhrhäfen dem Kohlenverkehr von Ruhrort reichlich die Wage hält.

Zu dieser Bedeutung ist der Getreidehandel erst in der zweiten Hälfte des 19. Jahrhunderts emporgestiegen. Vorher kam zwar auch schon von Holland her Getreide den Rhein hinauf, aber die Mengen waren recht bescheiden; erwähnt doch der Handelskammerbericht 1850, als im Duisburger Hafen angekommen, nur 33 320 Ztr. Frucht, eine Jahresmenge, die heute ein einziger Rheinkahn auf einer Fahrt heranbringt; 1856 erscheinen unter dem „ausländischen Gütereingang" 3444 Scheffel Frucht, 1858 waren es 7264 Scheffel, 1859 aber nur 1082. Außerdem war der Duisburger Handel ganz abhängig von dem holländischen Importeur, selbständige Beziehungen zum Auslande waren noch nicht ausgebildet, zumal bis 1876 das inländische Erzeugnis überwog. Es kamen an in t [1]) [2]):

---

1) Die Zahlen sind den Handelsk.-Ber. Duisburg der entsprechenden Jahre entnommen.

2) Borgius: Mannheim und die Entwickelung des südwestdeutschen Getreidehandels. S. 10 gibt in seinem Vergleiche Mannheims mit dem Getreideverkehr von Mainz, Köln, Düsseldorf, Duisdorf, Ruhrort für Duisburg unrichtige Angaben. Er hat daselbst die Ziffer der Weizenzufuhr genommen, spricht aber in seinem Vergleiche von Gesamtzufuhr.

	zu Berg	zu Tal	mit der Eisenbahn
1873	3 017	17 139	975
1874	2 022	20 544	985
1875	1 260	18 664	—
1876	384	30 060	—
1877	29 111	124	423
1878	37 361	375	320
1879	47 176	190	850
1880	50 803	1 537	156
1881	47 536	1 696	280
1882	71 979	377	180
1883	86 388	8 678	305
1884	119 714	1 788	230
1885	146 108	992	765

An den bedeutenden Ausfuhren der rheinischen Gebiete in Weizen und Gerste nach Holland [1]) hat der Duisburger Handel keinen Anteil gehabt, und nach dem Aufkommen des Duisburger Importhandels erfolgte eine Wiederausfuhr nur in Ausnahmefällen, wenn die Preisgestaltung diese zuließ; von einer Regelerscheinung kann hier keine Rede sein.

Der Handelskammerbericht Duisburg 1862 führt unter den Gewerbetreibenden nur 9 Mehl- und Fruchthandlungen auf; von großen Unternehmungen, gar von Importgeschäften, verlautet noch nichts. Eine Wandlung trat erst 1867 ein, da die Firma Heuser, die sich in den folgenden Jahrzehnten zu einer der größten Importfirmen ausdehnte, in diesem Jahre die ersten Beziehungen mit Nordrußland anknüpfte. Das nordrussische Getreide kam als Konsignation für Rechnung dieser Firma nach Rotterdam, um hier nach Bedarf in das Rheinschiff umgeschlagen zu werden. Auf eine gewisse Kapitalbasis muß demnach der Binnenhandel sich bereits haben stützen können. Nur wenige Jahre später erschien auch Getreide aus Süd-

1) Stubmann a. a. O. S. 23.

rußland und den Donauländern an der Ruhr, und diese Länder blieben im folgenden Jahrzehnt die Hauptlieferanten für das im Duisburger Hafen ankommende Getreide; heißt es doch noch 1882 im Handelskammerbericht: „Das südliche Rußland spielt an unserm Markte eine Hauptrolle.“ Naturgemäß konnten diese Gebiete nicht die einzigen Lieferanten bleiben. Die russische wie die rumänische Ausfuhr erlitt mitunter große Störungen. „Die technischen Fortschritte im Verkehrs- und Nachrichtenwesen führten die Sicherheit und Berechenbarkeit der weitesten Transporte herbei“ [1]), ermöglichten die Heranziehung der überseeischen Getreide-Produktionsgebiete von Nordamerika, Argentinien, Indien, Australien für die Bedarfsdeckung des niederrheinisch-westfälischen Industriebezirkes. Mit dem Erscheinen des nordamerikanischen Getreides um die Mitte und des argentinischen gegen Ende der 80er Jahre in den Ruhrhäfen war die Verflechtung derselben in den Getreide-Welthandel erreicht. Die größten Mengen kommen jedoch auch jetzt noch aus Südrußland und den Donauländern; dann folgt Argentinien, während von Nordamerika vornehmlich Mais, dagegen wenig Weizen kommt.

Die Entwickelung des Getreidebezuges in den Ruhrhäfen und andern Rheinhäfen zeigen die graphische Darstellung VIII und Tabelle 9.

Der Duisburger Getreidehandel hat sich also spät aus kleinen Anfängen entwickelt und war zunächst abhängig von holländischen Importeuren, vom Seehafenhandel. Der Bedarf im unmittelbaren Hinterland der Ruhrhäfen war noch zu klein und bei der Bedeutung der inländischen Erzeugung auch noch zu schwankend, die Kapitalbasis nicht breit genug, um ausgedehnte Fernkäufe vorzunehmen, für die das Bestimmbare nach der Qualitätsseite, das Berechenbare für die Ankunftszeit und den Einstands-

1) Wiedenfeld: Getreidehandel H. d. St. S. 771.

preis fehlten. Der Handel des Binnenhafens mußte sich, solange er nicht kapitalkräftig genug war, um risikoreiche Handelsunternehmungen in und mit dem Auslande aufzubauen, mit der Rolle eines verteilenden Faktors für den Seehafenhandel begnügen: dieser deckte den Kapitalbedarf, jener verlegte sich auf die eigentliche kaufmännische Tätigkeit und trug das Risiko des Absatzes und der Zahlung. Mit der erstarkenden Kapitalkraft beginnen die ersten Ansätze zur Befreiung vom Seehafenhandel: der Duisburger Getreidehändler wird Kommissionär für russische Rechnung, für den Exporteur; er läßt die Sendungen als Konsignation kommen, übernimmt bei günstigem Preisstande Teile derselben auf eigene Rechnung, schafft sich dann in Rußland eigene Vertretungen, die von den verschiedenen Exporteuren Angebote sammeln, und vollzieht damit den Übergang zum selbständigen Importeur, die Initiative nach innen nach wie vor behaltend, aber nunmehr auch seine Kapitalkraft nach außen wirken lassend. Die wirtschaftliche Gestaltung und die technischen Errungenschaften waren diesem Verselbständigungsbestreben außerordentlich günstig: jene bewirkte eine ungeahnte Bevölkerungszunahme im Industriegebiet, machte dasselbe dadurch zu einem bedeutsamen Konsumgebiet, in dem man einen großen Vorrat, ganze Schiffsladungen, absetzen konnte; diese (Transport-, Nachrichtenwesen, Lagerei) ermöglichten eine schnellere Eindeckung und Preisverständigung, sowie eine leichter zu gewinnende Kenntnis des Produktionsumfanges, also eine Beschränkung der spekulativen Momente. Dagegen hat die Einführung der Durchkonossemente, die eine Vereinheitlichung von Wasser- und Landtransport brachten, für den Duisburger Getreidehandel keine große Bedeutung gehabt; sie kommen nur für Abladungen von den Ostseehäfen in Frage, nicht bei Abladungen von Übersee, weil in letzterm Falle die Berechenbarkeit der Ankunft der Ladung schwieriger wird. Wird ein solches Konossement von einem Überseehafen dem binnenländischen Importeur zugesandt, so läßt sich die Zeit, in welcher die Ladung greifbar wird, nicht genau genug bestimmen, wohl aber, wenn ihm die Verladepapiere von dem Spediteur der Nordseehäfen zugehen.

Die Bezugsform, die der Duisburger Getreidehandel sich in Rußland und den Donauländern schuf, war jedoch in andern Produktionsgebieten, so in Nordamerika und Argentinien, nicht durchführbar. In dem damaligen, mehr als heute kapitalschwachen Rußland war die Kapitalkraft des Importeurs zur Unterstützung der Produktion erwünscht und notwendig. Mangel an Kapital war es auch, was die Ausbildung eines selbständigen russischen Exporthandels zunächst hintanhielt. Dagegen bot sich in Nordamerika infolge der eigenartigen Absatzorganisation der Farmer der Kapitalkraft des Importeurs nach der Produktionsseite keine Gelegenheit zur Betätigung; ebenso standen die anders gearteten Verhältnisse in Argentinien der Schaffung einer Handelsorganisation im Lande selbst dem Duisburger Importhandel entgegen. Die wenigen großen Unternehmungen wie de Bary u. Co., Bunge u. Co., Louis Dreyfuß, W. H. Müller u. Co. besorgen nicht nur fast den gesamten argentinischen Export, sondern machen dem Duisburger Importeur im eigenen Absatzgebiet Konkurrenz, indem sie an allen bedeutenderen Getreidehandelsplätzen Vertretungen unterhalten und durch ihre weit ausgebaute Verkaufsorganisation dem Absatzgeschäft schon in recht kleinen Mengen nachgehen können.

Neben dem selbständigen Importhandel mit Exportfilialen im Produktionsgebiete entwickelte sich im Laufe der Zeit im Duisburger Getreidehandel eine neue Geschäftsform, das Cif-Agenturgeschäft [1]). Der Cif-Agent

1) Cif = cost, insurance, freight: Allgemeine Spesen, Versicherungs- und Frachtkosten werden dem Preise zugeschlagen, die Ware

ist Vertreter mehrerer Exportfirmen und bearbeitet Offerten von im Wettbewerb miteinander stehenden Exporteuren. Er schiebt sich zwischen Exporteur und Importeur ein, ersetzt dem kleinen Importeur die eigene Vertretung im Produktionsgebiete und dem Exporteur eine solche im Konsumtionsgebiet. Die Kapitalkraft liegt zwar bei dem Exporteur, aber die gleichfalls starke Kapitalkraft des Cif-Agenten tritt derjenigen des Exporteurs stärkend zur Seite und stützt finanziell sogar nicht selten den kleinen Importeur. Die Initiative für den Absatz liegt ganz in Händen des Cif-Agenten, und durch das Delkredere, das ihm gestattet, von den Limiten seiner Auftraggeber abzuweichen, ist auch das Zahlungsrisiko auf ihn abgewälzt. Nach der Bezugsseite aber wird durch den „Cif“preis das Frachtenrisiko ausgeschaltet. Der Cif-Agent leistet demnach im Getreidehandel wesentliche Dienste, er nimmt vermöge seiner Kapitalkraft eine weit größere Selbständigkeit ein als eine Filiale des Exporteurs im Konsumtionsgebiete und kann darum nicht gut beiseite geschoben werden, ohne daß der Exporteur infolge Aufbaues einer nach der Absatzseite mit gleichem Erfolge arbeitenden Vertriebsorganisation eines erheblich vermehrten Kapitalanspruchs bedürfte. Dazu kommt, daß dank des sich in der Neuzeit in verstärktem Maße geltend machenden Wettbewerbs die Gewinnquote aller am Getreidehandel beteiligten Kreise recht mäßig ist [1]). Dieser an dem Einzelgeschäft erzielbare verringerte Gewinn zwingt zu einer Steigerung des Umsatzes, und anderseits

wird also frei Seehafen, selten frei Binnenhafen angeboten. „Cif-Duisburg“ wird nur im Verkehr mit den Ostseeplätzen gekauft. „Cif-Rotterdam bezw. Antwerpen“ wird deswegen bevorzugt, weil dem Importeur in diesen Fällen zur Unterbringung der Posten erheblich mehr Zeit bleibt, dadurch sich vielleicht Lagerspesen im Bestimmungshafen vermeiden lassen.

1) Borgius: a. a. O. S. 15 und Wiedenfeld a. a. O. S. 775.

ist die Umsatzsteigerung auch in der Richtung einer Steigerung des Kapitalbedarfs wirksam sowohl bei Importeuren wie bei Cif-Agenten und ebenso bei Exporteuren, wenn diese den Cif-Agenten auszuschalten versuchten.

Durch das Aufkommen der Cif-Agenturgeschäfte erhielt der Seehafenhandel den letzten Stoß. Wohl haben einzelne Cif-Agenturgeschäfte versucht, vom Seehafen aus im Binnenhafen festen Fuß zu fassen; aber der Erfolg war nur gering. Er konnte auch nicht groß sein, weil für die Geschäftsabschlüsse eine persönliche Fühlungnahme mit den Großverbrauchern nicht zu umgehen, diese aber nur dann aufrecht zu erhalten ist, wenn der Cif-Agent sich mitten in das Konsumgebiet, dort, wo sich der Umsatz vollzieht, hineinsetzt, um die Kontrahenten aufsuchen zu können; denn der Kauf vollzieht sich nur zu einem geringen Teil auf der sog. Getreidebörse, in der Hauptsache vielmehr auf den Kontoren. Zwar kommen auch noch Abschlüsse durch Vertreter der in den See-Häfen ansässigen Häuser zustande, so bei Bezügen aus den Vereinigten Staaten und Argentinien — namentlich handelt es sich hierbei um Antwerpener Häuser — und mitunter kaufen auch die Importhäuser in Antwerpen, Rotterdam, Hamburg, Bremen, also von der „zweiten Hand", und zwar dann, wenn die Offerten sehr günstig lauten, falls große Vorräte abzustoßen sind. Aber dieses Hineinspielen des Seehafenhandels in den Binnenhafenhandel ändert an dem Wesen des letzteren als Eigenhandel nicht das geringste: er verteilt nicht für den Seehafenhandel, er wird von diesem nicht getragen, er bedarf seiner überhaupt nicht und tritt nur in besonders gelagerten Fällen mit ihm in Verbindung, ohne daß von regelmäßigen Beziehungen gesprochen werden könnte.

2. Die Lagerhäuser.

Vom Getreidehandel als dem Berufe, der mit dem Umsatze der Ware, dem Kaufen und Verkaufen, sich befaßt, hat sich mit den zunehmenden Umsatzmengen das Lagergeschäft getrennt.

Die Ansprüche an die Lagerquantität wurden immer größer; der Lagerschuppen, der zuerst die ausländischen Getreideanfuhren aufnahm und dem Getreidehandel gehörte, mußte dem festen Lagerhaus weichen, in dem für die Behandlung der eingelagerten Ware vollkommenere technische Einrichtungen getroffen werden konnten. Das Lagerhaus als selbständiges Unternehmen tritt aber verhältnismäßig spät auf; erst seit Mitte der 90er Jahre erwähnen die Duisburger Verwaltungsberichte [1]) die Errichtung mehrstöckiger Getreidespeicher. Es lag in der Natur des Getreidehandels, daß er das Lagern selbst aufgab: das Lagerhaus erfordert viel stehendes Kapital, das im Einzelbetrieb schwer auszunutzen ist, dazu kommt die gewaltige Vielseitigkeit des Getreidehandels nach außen, der überall in der Welt aufzupassen hat. Sein Betätigungsgebiet blieb noch ausreichend groß, wenn er die Sorge für die Qualitätsbehandlung der einzulagernden Mengen auf besondere Lagerhalter abschob.

Für das Lagerhaus selbst war der Binnenhafen die gebotene Lage, einmal wegen der dadurch erleichterten Qualitätsbeurteilung, sodann wegen der besseren Ausnützung der Absatzgelegenheit. Bei dem starken Wechsel in der Käuferstimmung würde der Handel den jeweiligen Verhältnissen nicht Rechnung tragen können, wenn die Ware etwa im Seehafenspeicher lagerte, also nicht unmittelbar greifbar wäre. Bis 1909 speicherte die Importfirma Heuser in eigenen Anlagen, dann aber wurden diese unter finanzieller Beteiligung an die „Allgemeine Speditions A. G.", einer Tochtergründung der Nieder-

---

1) Verwaltungsberichte der Stadt Duisburg 1895, 1896, 1899, 1900.

ländischen Graanhandelsaren-Gesellschaft in Rotterdam, veräußert. Die einzige Firma, die dann noch in eigenen Anlagen speicherte, geriet 1912 in Konkurs, die Speicher wurden von der Allg. Sped. A. G. erworben. Gegenwärtig sind 9 Lagerhäuser mit 22 Elevatoren in den Ruhrhäfen vorhanden, 3 Lagerhausunternehmungen haben die Form der Aktiengesellschaft (davon hat eine in 1913 die Liquidation beschlossen), eine bildet eine G. m. b. G., die übrigen sind offene Handelsgesellschaften. Von Anfang an sind nur private Lagerhäuser in Frage gekommen, öffentliche haben in Duisburg nie bestanden, ebenso kennt man keine Bahnspeicher, wie sie der Berliner Getreidehandel benutzt [1]).

Die Fassungskraft der Speicher ist stetig gestiegen: das größte Lagerhaus kann 350 000 Sack oder 35 000 Tonnen aufnehmen, das kleinste noch 15 000 Sack [2]), insgesamt können in den am Duisburger Hafen gelegenen Lagerhäusern $1^1/_2$ Millionen Sack (150 000 Tonnen) gelagert werden. Mit dieser rein äußerlichen Vergrößerung gingen Verbesserungen in den innern Einrichtungen und in den Entlademaschinen Hand in Hand: die Elevatoren werden mit Dampfkraft oder elektrischer Kraft betrieben, ihre Leistungsfähigkeit steigt bis 75 Tonnen in der Stunde. Wenn in Zeiten außerordentlich starker Zufuhren die vorhandenen Lagerhäuser nicht ausreichen, werden wohl Leichterschiffe zu Hülfe genommen; von diesen wird auch bei großen Ankünften in den Seehäfen Gebrauch gemacht, da sie fast immer zu haben sind und sich für kurze Zeit billiger stellen als die Benutzung der Seehafenspeicher. Dagegen hat der Duisburger Getreidehandel auf Freihäfenbenutzung [3]) niemals großes Gewicht

---

1) Jöhlinger: Die Praxis des Getreidegeschäftes an der Berliner Börse.

2) In Duisburg wird die Fassungskraft allgemein nach Sack angegeben.

3) Über Freihäfen und Freihafenbezirke vergl. Wiedenfeld: Die nordwesteuropäischen Welthäfen, S. 159 ff.

gelegt. Wenn die Duisburger Handelskammer 1902 aus Anlaß der geplanten Zollkredite in einer Eingabe an den Bundesrat die Befürchtung aussprach, daß „die Einfuhrhändler das Getreide nach Möglichkeit in den Freihafenbezirken oder wie am Rhein in den benachbarten ausländischen Seehäfen oder an der Donau in den jenseits der Grenze gelegenen Hafenplätzen lagern würden", so hätte das zur Voraussetzung gehabt, daß vom Handel alle Geschäfte auf spätere Lieferung getätigt würden; denn ein Einlagern in diesen entfernten Lägern wäre einem Verzicht auf Geschäfte in greifbarer Ware gleichgekommen. Anderseits ging auch die Zolltarifkommission von einer unzutreffenden Voraussetzung aus, als sie behauptete, daß der „Getreidegroßhandel Duisburgs das Getreide direkt vom Seeschiff aus auf die Verbraucher verteile [1]).

In der Frage der Errichtung zollfreier Niederlagen nehmen Importeure und Cif-Agenten einen entgegengesetzten Standpunkt ein. Das kapitalstarke Importhaus legt ihnen keine große Bedeutung bei, da infolge der geringen Gewinnquote die besondern Kosten bei jeder Entnahme die Benutzung verbieten; dem Cif-Agenten aber würde das Geschäft erleichtert, er würde nicht nur vom Auslande leichter Konsignationen bekommen, sondern auch eine Ware, über die jederzeit verfügt werden kann, besser bearbeiten können. Dagegen haben die Importeure in frühern Jahren wohl die Errichtung von Transitlägern angestrebt, dem Fehlen der Privattransitläger schob man sogar die Schuld zu, daß der früher ziemlich umfangreiche Verkehr mit dem Oberrhein bzw. den südlichen Gegenden" „auf ein Minimum zurückging" [2]). Erst 1891 genehmigte der Bundesrat für Duisburg die Zulas-

---

1) Handelsk.-Ber. Duisburg 1901, 1903.
Die Freihafenbezirke der Rheinhäfen wurden 1901 mit Rücksicht auf die Zollkredite gefordert, 1903 aber mit Bezug auf die Staffeltarife.

2) Handelsk.-Ber. Duisburg 1887.

sung gemischter Privattransitläger ohne amtlichen Mitverschluß. „Dadurch", führt der Kammerbericht des genannten Jahres aus, „war die Stadt in die Reihe derjenigen Städte eingerückt, welche an dem Getreidehandel nach dem Auslande, dem rheinischen Durchfuhrhandel nach der Schweiz, uneingeschränkt teilzunehmen in der Lage seien; diese Stellung drohte Duisburg durch den Mangel der Läger gänzlich zu entgehen." Indessen ist eine Belebung des Absatzes nach dieser Richtung nicht zu verzeichnen gewesen; sie konnte auch bei der Konkurrenz von Düsseldorf, Köln, Mainz, Frankfurt, Mannheim, Ludwigshafen nicht gut erwartet werden. Als nach Schaffung der Getreideeinfuhrscheine die gemischten Privattransitläger aufgehoben wurden, hatte man sachlich dagegen nichts einzuwenden. Es wurde aber als ein Unrecht empfunden, daß die Aufhebung nur für Duisburg und Ruhrort, nicht auch für Düsseldorf, Köln, Mainz, Frankfurt, Worms, Stuttgart erfolgte; denn trotz des „geringen Wertes der Läger bei geregelten Zufuhren" hielt man einen solchen Zustand für eine große Benachteiligung der der „Lagerberechtigung entbehrenden Stadt" [1]). Der Duisburger Getreideverkehr hat sich jedoch trotzdem stets in aufsteigender Richtung bewegt. In den Lagerhäusern lagert nicht nur Ware des Duisburger Handels, sondern auch solche der Händler weiter rheinauf gelegener Plätze. Die Läger sind ein „Reservemagazin für später zu erwartenden, nach Zeit und Größe unbestimmten, auch unvorhergesehenen Bedarf" [2]). Duisburg ist durch seine umfangreichen Lagereinrichtungen zu einem Stapelplatz des dicht bevölkerten engern und weitern Hinterlandes geworden, seine Bedeutung reicht einerseits bis Köln, anderseits bis Dortmund. Vermöge der nach den verschiedenen Konsumplätzen gehenden Eisenbahnlinien

1) Hand.-Ber. Duisburg 1896.
2) Borgius a. a. O. S. 24.

konnte man die in den Duisburger Lagerhäusern untergebrachten Waren schnell verteilen, so daß eine Lagerung in den Seehäfen kaum noch in Frage kommen konnte. Dazu regte der Warrant, der die Grundlage des Kredits von der personalen auf die reale Seite verlegt, zu einer stärkern Benutzung des Binnenhafenlagerhauses an.

Nicht nur der Eigenhandel, auch die Spedition wurde den Seehäfen vom Binnenhafen aus streitig gemacht. Duisburger Firmen errichteten im Seehafen Niederlassungen und haben einen beträchtlichen Teil der Getreidespedition an sich gerissen, teilweise übernehmen sie selbst die Transportausführung über den Rhein, doch geschieht dies mehr zur Stärkung ihrer Stellung im Seehafen, sowie zur Stärkung ihres Lagergeschäftes im Binnenhafen. Umgekehrt wandert aber auch die Spedition des Seehafens in den Binnenhafen.

Der konzentriert auftretende Konsum, die sich entwickelnde Kapitalkraft der Handelsunternehmungen, die Lagermöglichkeit im Konsumgebiet und die technischen Fortschritte in den dem Handel dienenden Einrichtungen führten dazu, daß der Seehafenhandel seine alten Absatzgebiete an neue, ihm gleichwertig gewordene Handelsunternehmungen im Binnenhafen abtreten mußte. Das Aufkommen neuer Produktionsgebiete aber war dem Binnenhafeneigenhandel insofern günstig, als er hier Handelsbeziehungen anknüpfen konnte, die auch der Seehafenhandel erst für sich neu schaffen mußte.

3. Die Konzentration und Dezentralisation des Getreidehandels.

Der Duisburger Getreidehandel ist Effektivhandel [1]): er muß konkrete Waren an einen konkreten Bedarf heranbringen, er muß es verstehen, die in Quantität und Qualität schwankende Produktion dem eine gleichmäßige Ware

1) Über Effektivhandel und Spekulativhandel vgl. Wiedenfeld: Das Wesen der Zentralproduktenbörsen (Leipzig, 1903).

verlangenden Verbrauch anzupassen. Die Lösung dieser schwierigen Aufgabe setzt eine genaue Kenntnis von Land und Leuten (Natur, Recht u. a.) voraus, die nur in langer Erfahrung zu erwerben und für die eine gut ausgebaute Organisation im Einkaufs- wie im Verkaufsgebiete erforderlich ist. Wenn auch von einem Monopol der „königlichen Kaufleute“ nicht mehr gesprochen werden kann, so ist doch das für den Eigenhandel benötigte Kapital beträchtlich. Schon das „Organisiertsein“ erfordert viele, den Charakter des stehenden Kapitals tragende Anlagemittel, dazu treten weitere Kapitalansprüche durch die zu beziehenden großen Warenposten und durch die Art der Zahlungsregelung: der Exporteur verlangt Barzahlung, Begleichung durch Scheck oder 3 Monatsakzept, bei der Konsignation aber Bevorschussung; beim Absatz ist dagegen die Barzahlung die Ausnahme, die Kreditierung bis zu einem gewissen Umfange die Regel. Diese großen Kapitalansprüche müssen vom einzelnen Importeur befriedigt werden; an sich wäre eine Aktiengesellschaft zwar nicht unmöglich, aber die große, dem Getreidehandel eigentümliche Beweglichkeit, das Ausnutzen einer plötzlich auftretenden Verwertungsmöglichkeit, kurzum die einer schematischen Abwickelung direkt feindliche Handelstätigkeit bieten wenig Anreiz zur Aktiengründung. Infolgedessen sind nur wenige Menschen in der Lage, sich so zu betätigen, und so ist denn auch in Duisburg die Zahl der selbständigen Getreidehändler klein, die Zunahme derselben gering. Die Firma Heuser kann auch heute noch als führend bezeichnet werden, während der Mangel an genügend Kapital die Firma Straeter, die scheinbar eine Zeit lang die Führung hatte, zusammenbrechen ließ. Wenn trotz der in den beiden letzten Jahrzehnten bei uns sich vollzogenen starken Kapitalbildungen der Getreide-Importhandel davon ziemlich unberührt blieb, so wird diese Erscheinung sich größtenteils nur durch den starken persönlichen Einschlag erklären lassen, den die Beziehungen zwischen Produzent und Importeur sowie zwischen Importeur und Konsument, also die Kenntnis der realen Verhältnisse, aufweisen. Durch Kapitalkraft allein läßt sich ein solcher Zustand nicht herstellen. Die Persönlichkeitsfrage wird man so lange nicht ausschalten können, als die Qualität der Ware eine hervorragende Rolle spielt, auch die Beilegung von Differenzen, die durch den fungiblen Charakter der Ware Getreide nicht zu vermeiden sind, lassen das Persönlichkeitsmoment in die Erscheinung treten.

Eine Tendenz auf Ausschaltung von Zwischengliedern war im Duisburger Getreidehandel längere Zeit so gut wie gar nicht vorhanden. Ein Vorstoß in dieser Richtung kam von der Seite der Cif-Agenten. Sie suchten zunächst nur ihre Angebote bei den Importeuren unterzubringen, gingen aber nach und nach weiter in den Konsum hinein und bearbeiteten auch Großkonsumenten. Zwar können die Großimporteure nicht ausgeschaltet werden, weil ohne sie die umfangreichen Angebote der Produktionsgebiete nicht unterzubringen wären, auch das Qualitätsrisiko vom Konsumenten weder getragen werden will noch kann, dagegen handelt es sich bei den kleinern Importeuren fast um eine Existenzfrage. Daß unter diesen Verhältnissen „kleine Selbständigkeiten" nicht recht hoch kommen können, erscheint begreiflich. Die Zahl der Cif-Agenten hat aber eine stärkere Zunahme zu verzeichnen als diejenige der Importeure, gleichwohl ist in beiden Gruppen eine starke Konzentration vorhanden, das ganze Geschäft ruht beiderseits in wenigen Händen. Durch die Einschiebung des Cif-Agenten ist der Weg vom Produzenten zum Konsumenten allerdings nicht kürzer geworden, aber es bestehen doch nur wenige selbständige Vermittler, und deshalb kann die Bedarfsbefriedigung billiger vor sich gehen; das geminderte Risiko, die größere Übersichtlichkeit schließen eine volkswirtschaftliche Ersparnis in sich.

Mit dieser Bewegung im persönlichen Aufbau parallel geht eine Dezentralisation in örtliche Organisationen. Das kam zunächst Duisburg sehr zu statten. Seine Lage am Rhein und zum niederrheinisch-westfälischen Industriebezirk machten Duisburg zum gegebenen Platz, wo sich der Umschlag vom Rheinschiff auf die Eisenbahn vollzog; denn auf dem Wege zum Konsum folgt das Gut der Wasserstraße so weit wie möglich. Gerade die Transportverhältnisse waren für die Entwickelung des Duisburger Eigenhandels außerordentlich wichtig; nur die Benutzung der Wasserstraße ließ die lose Schüttung des Getreides aus dem Seeschiff in das Rheinschiff zu, während auf der Eisenbahn die Ware gesackt versandt werden muß, weshalb die Eisenbahn nur in Anspruch genommen wird, wenn es unbedingt notwendig ist. Darum lag auch Duisburg gegen Bremen günstig, das als Bezugshafen mit Hülfe der Eisenbahn nur dann in Anspruch genommen wurde, wenn die Schiffahrt längere Zeit gestört war. In Duisburg vollzog sich dagegen eine Konzentration gegenüber Rotterdam, Amsterdam, Antwerpen.

Die Duisburger Lagerhäuser bewirkten eine weitere Zentralisierung des Getreidebezugsgeschäftes an diesem Platze, ihre Lage zu den großen Konsumzentren gab Duisburg ein Übergewicht gegenüber den andern Hafenplätzen am Nieder- und Mittelrhein. Weder Köln, Düsseldorf, Neuß, Ürdingen, noch das in den letzten Jahren aufgekommene Krefeld wiesen so günstige Beziehungen zu einem gleichsam in sich geschlossenen Hinterlande auf. Hier fehlt es auch an den großen Massen, die eine möglichst gleichmäßige Beanspruchung der Lagerhäuser garantieren und über die Aufbringung der durch das erhebliche stehende Kapital notwendigen dauernden Lasten hinaus einen Gewinn erwarten lassen. Allerdings zeigt die Errichtung von Speichern im Düsseldorfer Hafen, daß der Getreidehandel der hinter Duisburg gelegenen Rheinhafenstädte das Bestreben hat, sich von der Benutzung der Duisburger Lagerhäuser frei zu machen, wenngleich es zur Ausbildung eines neuen Stapelplatzes, gleichwertig dem Duisburger, voraussichtlich nicht kommen wird. Soweit man zur Zeit zu sehen vermag, wird das Übergewicht umsomehr dem Duisburger Platze verbleiben, als sich in der ländlichen Umgebung eine fortschreitende Industrialisierung vollzieht, die einen steigenden Massenkonsum notwendig herbeiführt.

Die im Bezuge des Getreides bis zu dem Übergange in den Verbrauch zu beobachtende Konzentration findet aber nach der Absatzseite nicht die gleiche Fortsetzung. Die Entstehung neuer Konsumorte im Binnenhafenhinterlande ermöglichte den Aufbau eines neuen Eigenhandels, der sich zwar zunächst auf die Bedarfsdeckung des Niederlassungsortes beschränkte, allmählich aber auch auf benachbarte Absatzgebiete übergriff; neben Duisburg bildete sich in Düsseldorf, Essen, Dortmund, Münster, Köln und Neuß ein Getreideeigenhandel aus. Diese Dezentralisation bietet das Bild zahlreich sich schneidender Linien: einmal haben die großen Duisburger Häuser Niederlassungen in andern Städten, und umgekehrt haben weiter im Binnenlande gelegene Firmen Vertretungen in Duisburg. Das allgemein übliche Aufsuchen der Verbraucher, die Informierung über die Zahlungsfähigkeit, die Interessenwahrnehmung drängen zu derartigen Niederlassungen, die den Warenumsatz erhöhen, den Kapitalumschlag beschleunigen und das dem Getreidehandel innewohnende Risiko beschränken helfen, zumal das Bestreben, den in dem Einzelgeschäft steckenden Teilbetrag schnell wieder flüssig zu machen, eine gewisse Vorsicht in der Wahl der Verbraucher erfordert.

Auch die Duisburger Agenturgeschäfte unterhalten außerhalb Vertretungen, und ebenso haben sich die wenigen Importfilialen nicht darauf beschränkt, in Duisburg eine Niederlassung zu schaffen, anderseits haben aber auch auswärtige Getreidekommissionsgeschäfte in Duisburg Vertretungen eingerichtet.

Duisburg muß an seinem Getreidehandel erfahren, daß wirkliche Monopole örtlicher Art die heutige Weltwirtschaft nicht leicht anerkennt: es ist selbst in Durchbrechung altgewohnter Handelsbeziehungen groß geworden und sieht nun dieselbe Tendenz gegen sich selbst walten. Ein wirklicher Zentralpunkt, nach dem alle Welt sich richtet, eine Zentralgetreidebörse, kann Duisburg bei aller seiner Bedeutung nicht genannt werden.

4. Das Streben nach Börseneinrichtungen.

Das Fehlen eigentlicher Börseneinrichtungen bringt deutlich zur Erscheinung, daß Duisburg eine zentralistische Bedeutung für den Getreidehandel nicht beanspruchen kann. Zwar ist seit 1908 ein Gebäude vorhanden, das sich Börse nennt und dem Getreidehandel überwiegend dient, aber diese Veranstaltung hat doch nur lokalen Wert und dem Kontorhandel keinen Eintrag getan. Es fehlt sowohl an einem international gültigen Schiedsgericht als auch an Preisnotierungen, die international beachtet werden müßten.

In der „Arbitration“ der von seinem Handel umgesetzten Getreidemengen ist Duisburg immer noch abhängig von fremden Plätzen, und zwar in erster Linie von Rotterdam und London, sehr viel weniger von Berlin. Ursprünglich hatte fast jeder Exporteur seine eigenen Kontrakte, sogar Agenturgeschäfte arbeiteten mit eigenen, infolgedessen sich das Geschäft schwierig, hinsichtlich der Qualität unsicher und für den Käufer rechtlich meist unvorteilhaft gestaltete. Von London aus, wo sich eine gewaltige Mengenkonzentration vollzog, und das von allen Seiten leicht erreichbar war, ging man dann zuerst mit der Ausbildung einheitlicher Kontrakte [1]) vor. Aber sie

1) Bezüglich der Einzelheiten über Getreidekontrakte sei auf Jöhlinger a. a. O. S. 125—176, sowie auf die Abhandlung von demselben Verfasser in Schmollers Jahrbuch 1907 verwiesen.

hatten den Nachteil, daß die englischen Kontrakte in Rußland nicht angenommen wurden; die russischen Getreideverkäufer zwangen sogar dem Handel die Rotterdamer Arbitrage förmlich auf, wenngleich sie nicht die gleiche Sicherheit gegen Verluste bot wie die Londoner [1]). Unter diesen Umständen mußte dem Duisburger Getreidehandel die Durchsetzung einer den deutschen Ansprüchen genügenden Arbitrageordnung in Rotterdam, die durch den „Deutsch-niederländischen Vertrag Nr. 1“ in 1904 erreicht wurde, wichtiger erscheinen als die von der Handelskammer Brandenburg bei dem Deutschen Handelstage angeregte Schaffung einer deutschen Arbitrage für russisches Getreide; wenn Duisburg für Rotterdam mit eintrat, so war dabei mitbestimmend, daß jeder Getreideempfänger Westdeutschlands Rotterdam schnell erreichen, die dort ankommenden Ladungen persönlich überwachen und eine beschleunigte Arbitrage betreiben konnte. Bei Käufen nach dem deutsch-niederländischen Vertrag ist vornehmlich Rotterdam, nur ausnahmsweise Berlin Arbitrageplatz; daneben ist London geblieben für Abladungen aus Australien und Indien, Liverpool für solche von der Westküste Nordamerikas, Antwerpen für Argentinien.

Der am 19. März 1907 auf einer Versammlung der rheinisch-westfälischen Getreideeinfuhrfirmen in Düsseldorf gefaßte Beschluß, ein rheinisch-westfälisches Schiedsgericht mit dem Sitze in Duisburg zu schaffen, hat bisher keine Verwirklichung gefunden.

Hat sich Duisburg zum Arbitrationsplatz nicht aufschwingen können, so fehlt es vollends an Preisnotierungen von internationaler Wichtigkeit. Die Erreichung dieses Zieles war der Inhalt jener Bestrebungen, die auf Errichtung einer Terminbörse abzielten, zu der die Anregungen von Düsseldorf ausgingen, gegen deren Stand-

1) Handelsk.-Ber. Duisburg 1902.

ort sich aber alsbald lokale Widersprüche, so von Köln, Essen, Duisburg geltend machten. Als Vertreterin der lokalen Produktion trat Neuß gegen eine Terminbörse auf, der sich Hagen i. W. anschloß, während die Landwirtschaftskammern der Rheinprovinz und der Provinz Westfalen zwar eine solche Einrichtung nicht befürworteten, aber grundsätzlich doch Duisburg als Standort am geeignetsten hielten. Es kann auch nicht leicht einem Zweifel unterliegen, daß, wenn in Westdeutschland eine Terminbörse zu errichten wäre, nur Duisburg sich dafür eignen könnte: hier vollzieht sich der größte Getreideumschlag, dieser Platz stand mit seinen Bezügen immer an der Spitze. Aber der selbständige Getreidehandel ist keineswegs ein Freund der Terminbörse. In der Börsenenquete zeigte sich die größte Importfirma als ein heftiger Gegner des Terminhandels, und 1897 erwähnt der Duisburger Handelskammerbericht mit Rücksicht auf die Aufhebung desselben, „man glaube nicht, daß börsenmäßige Termingeschäfte unumgänglich notwendig seien, um die Preise zu bestimmen". Aber tatsächlich hat der Kurszettel der Chikagoer Börse erst nach Schließung der Berliner Produktenbörse die ausschlaggebende Bedeutung für den westlichen Getreidehandel erhalten, für russische Ware spielt der Berliner Kurszettel auch heute noch eine gewisse Rolle.

Die Gegnerschaft des selbständigen Importhandels ist begreiflich. Durch die starke Kapitalkraft, über die er als Effektivhandel verfügen muß, braucht er die Termingeschäfte nicht als Versicherung gegen Preisschwankunkungen. Die an verschiedenen Orten arbeitenden Kapitalien und die Fülle der laufenden Geschäfte bringen schon einen gewissen Ausgleich gegen Preisrisiken, dazu läuft noch etwas Persönliches in der Stellungnahme zum Termingeschäft unter. Der wirklich leistungsfähige Importeur ist in seinen Handelsformen stark konservativ: er ist stolz auf seine errungene Stellung und nicht minder stolz darauf, daß er einer andern als der von ihm gewählten Handelsform nicht bedarf; sein kaufmännisches Ehrgefühl stellt sich einer Geschäftsform wenn nicht feindlich, so doch passiv gegenüber, sobald dieselbe nur im geringsten als diskreditiert erscheint.

Eine für Rheinland-Westfalen zu schaffende Getreideterminbörse würde voraussichtlich das gleiche Schicksal haben wie Mannheim, Stettin, Königsberg, die trotz der teilweise sehr guten Börseneinrichtungen kaum nennenswerte Bedeutung erlangten, und so erscheinen auch die Aussichten Duisburgs nach dieser Richtung gering. Der Spekulativhandel, der sich an der Börse betätigt, erfordert eine starke örtliche Konzentration, der starke Import aber hat Duisburg Amsterdam benachbart, und auch London, das die gleiche Grundlage hat, ist in diesem Zusammenhange zu erwähnen: die Börsenpreise plus Zoll und feste Spesen machen den Preis leicht bestimmbar. Die Bedeutung Duisburgs wird voraussichtlich auch in Zukunft wie bisher im Effektivhandel liegen.

B. Der Holzhandel.

1. Die Entstehung einer Holzindustrie und eines Holzhandels.

Die Anfänge einer Holzindustrie reichen bis in die erste Zeit der Entstehung des Duisburger Hafens zurück, während die Entwickelung des Holzeigenhandels erst in den 60er Jahren des verflossenen Jahrhunderts einsetzt. In der Holzzufuhr zu Wasser nehmen die Ruhrhäfen heute die erste Stelle unter allen deutschen Rheinhäfen ein. (Vergleiche graphische Darstellung IX und Tabelle 13.) Da das von den Sägen benötigte Rundholz bis zur Verarbeitung im Wasser lagerte, so ließen sich die Sägewerke, die das Holz zuerst überwiegend von Süddeutschland per Floß bezogen, naturgemäß in der Nähe des Wassers nieder. Der Begründer der Duisburger wie der niederrheinischen Sägeindustrie überhaupt war

August Nieten [1]), der 1836 mit Matthias Rosendahl die Firma Nieten u. Rosendahl gründete. Das Sägewerk war aber zunächst ein Nebenbetrieb zum Kohlenhandel und zur Kohlenschiffahrt, indem die nach Mainz gehenden Kohlenschiffe als Rückfracht Holz nahmen. Die Abtrennung des Sägewerkes vom Kohlen- und Rhedereigeschäft erfolgte bei der Nieten'schen Unternehmung erst 1869. In der Zwischenzeit hatten sich aber noch andere Sägewerke im Hafengebiet niedergelassen. 1862 verzeichnet der Handelskammerbericht Duisburg 3 Dampfsägewerke, 1876 wird gemeldet, daß von den 8 Dampfsägewerken 4 in Konkurs geraten waren. Es scheinen kapitalschwache Firmen gewesen zu sein, die über die Zeit des starken wirtschaftlichen Rückschlags nicht hinwegkommen konnten. Gegenwärtig bestehen im Ruhrhafengebiet 9 Dampfsägewerke, von denen 4 mit einem Hobelwerk verbunden sind, nur ein Unternehmen hat ein Hobelwerk ohne Verbindung mit einer Säge, bei zwei reinen Sägewerken erstreckt sich die Tätigkeit auf die Bearbeitung von Grubenhölzern bestimmter Abmessungen und auf die Verwertung der zu Grubenholzzwecken nicht verwertbaren Hölzer.

Mit dem Aufkommen großer Dampfsägewerke in Süddeutschland [2]) wurde der Wettbewerb zwischen den süddeutschen und niederrheinischen Sägen verschärft und weiterhin verstärkt durch das Eindringen von Schnittwaren aus den ausländischen Holzproduktionsgebieten. Es ist eine Frage des Einstandspreises, ob die süddeutschen oder niederrheinischen Sägen das Schneiden übernehmen; soweit die Wassersägen an dem Absatz nach dem niederrheinisch-westfälischen Bezirk beteiligt sind, spielt allerdings auch der Wasserstand eine Rolle. Der Wettbewerb der Sägen der Holzproduktionsgebiete hat

---

1) Industrielle Rundschau, Zeitschrift für Industrie und Handel. 2. Jahrgang. 2. Oktoberheft 1899.

2) Schmid: Der süddeutsche Holzhandel, S. 80.

in der letzten Zeit bewirkt, daß eines der ältesten Duisburger Sägewerke die Einstellung des Betriebes beschlossen hat. Eine völlige Ausschaltung der niederrheinischen Sägen, die vornehmlich in Baukonstruktionsholz arbeiten, wird indessen vorerst nicht zu erwarten sein, da hier die speziellen Maße nach Länge und Stärke für ein Arbeiten auf Vorrat, eine Massenherrichtung, ein zu großes Absatzrisiko bedingen. Die niedrigen Gestehungskosten in den Holzproduktionsgebieten haben aber anderseits Hafenbetriebe veranlaßt, Sägen dortselbst anzulegen, so in den Provinzen Sachsen, Brandenburg und Ostpreußen.

Die Sägen waren nach der Absatzseite zunächst auch die Träger des Handels. 1862 werden im Handelskammerbericht Duisburg 7 Handlungen mit Holz, Traß u. a. aufgeführt, von einem reinen Holzhandel ist noch keine Rede. Wohl ist schon in den 50er Jahren eine ganz ansehnliche Holzzufuhr festzustellen, kamen doch im Inlandsgüterverkehr in Ztr. an [1]):

1850	175 500	1854	430 648	1857	783 482
1852	320 800	1855	439 816	1858	753 333
1853	366 683	1856	813 340	1859	563 239

Aber erst der Ausbau des Eisenbahnnetzes auf der einen, die Bevölkerungszunahme und der sich entwickelnde Bergbau auf der andern Seite brachten die Möglichkeit, für ein vom Hafen entfernter liegendes Absatzgebiet die Bedarfsdeckung zu übernehmen. Die erste reine Holzhandlung entstand in Duisburg 1871.

Für die Holzankäufe blieb die Wasserstraße ausschlaggebend. Was die Eisenbahn anbrachte, ist gegenüber der Gesamtzufuhr kaum nennenswert. Mit 4900 Tonnen erreichte die Eisenbahnanfuhr 1877 im Duisburger Hafen die höchste Menge und blieb seit 1880 stets unter

1) In den Nachweisungen der Handelskammerberichte erscheint die Holzzufuhr unter der Bezeichnung „Bauholz".

2000 Tonnen. Im Wasserverkehr selbst vollzogen sich dagegen gewaltige Veränderungen: die zuerst geringe Zufuhr zu Berg überflügelte seit Ende der 90er Jahre diejenige zu Tal. (Tabellen 12 und 14.)

Der Aufschwung der Zufuhren zu Berg beginnt um die Mitte der 80er Jahre: 1881 erscheinen schwedische „Battens" am Rhein, norwegische, amerikanische, russische Ware folgte. Seit Ende der 90er Jahre schlagen auch die Waren aus der Bukowina und Rumänien den Seeweg Galatz-Odessa über Rotterdam ein, die 1897 zuerst als Beiladungen zu Getreide über Rotterdam nach Duisburg kommen. Durch diese bis dahin ungebräuchliche Verbindung zweier verschiedener, aber durchaus verträglicher Güter in einer Ladung wurden die Transportkosten auf ein Minimum herabgedrückt, die Holzerzeugnisse aus der Bukowina und aus Rumänien erhielten so trotz der sehr viel längern Transportstrecke ein Übergewicht über die österreichischen, galizischen und südrussischen.

Die Abladeplätze sind indessen nicht immer bestimmend für die Herkunft des Holzes; so befindet sich unter der von Galatz kommenden rumänischen Schnittware auch galizisches Holz, auch wird wohl das von Österreich nach Rumänien exportierte Rundholz als „rumänische Schnittware" reexportiert [1]), ferner befinden sich unter den süddeutschen, besonders den bayerischen Erzeugnissen solche aus Österreich, und von den deutschen Ostseehäfen kommen ansehnliche Posten russischer Ware.

Durch die zunehmende Verwendung von Pitch-pine wurde der Hartholzkonsum ungünstig beeinflußt; fertig gesägtes amerikanisches Eichenholz, welches in kleinen Partien als Staugut zu billigen Frachten herangebracht wurde, deckte den geringen Bedarf an Hartholz, so daß das Schneiden von Eichenrundholz, welches früher die

---

1) Marchet: Der Holzhandel Norddeutschlands, S. 186.

Hafensägen im Winter beschäftigte, gegen Ende der 90er Jahre fast ganz aufgehört hatte[1]). Nordamerika liefert seit 1898 neben Schweden auch fertige Türen. In jüngster Zeit ist dann noch Japan als Eichenholzlieferant auf dem Duisburger Platze aufgetreten. Das Schwergewicht des Duisburger Holzhandels liegt allerdings nicht in Eichenholz — hierin ist Düsseldorf Hauptplatz geworden — sondern in Nadelholz.

Die Hauptmengen des nach Duisburg kommenden Holzes werden jetzt zu Schiff angebracht, dagegen zeigt der Floßverkehr einen stetigen, nur von einem kurzen Aufstieg unterbrochenen Rückgang, sowohl relativ als auch absolut (Tabelle 12), da inländische und ausländische Sägereierzeugnisse in steigendem Umfange in das Hafengebiet Eingang gefunden haben. Das Floß selbst wird heute fast regelmäßig von Dampfern zu Tal gezogen, anderseits werden in der Neuzeit aber auch Flöße zu Berg befördert. 1904 kamen im Duisburger Hafen 965 Tonnen harte und 5594 Tonnen weiche Stämme bergwärts geflößt an, 1905 6985 Tonnen weiche Stämme. Auf den Duisburger Holzverkehr trifft es nicht zu, wenn Marchet[2]) behauptet, „die Expedition von Rundholz rheinaufwärts in Flößen habe sich bisher nicht als möglich erwiesen, die Manipulation und das Floßziehen kosteten zu viel". Bezüglich der Duisburger Ankünfte kann man auch nicht annehmen, daß es sich um einen Versuch gehandelt habe, denn für 1907 werden in der Hafenverkehrsstatistik in den verschiedenen Hafenteilen 9572 Tonnen auf dem genannten Wege ausgewiesen und 1908 noch 5030 Tonnen. Die Möglichkeit dieses Transportweges wird demnach wohl zuzugeben sein, für den Umfang dieser Ankünfte sind dagegen die Preise des zu Tal kommenden Rundholzes bestimmend, vorläufig ist diese Einfuhr

---

1) Handelsk.-Ber. Duisburg 1897 und 1898.
2) Marchet a. a. O. S. 182.

allerdings nur bei außergewöhnlich hohen Verkaufspreisen nutzbringend [1]). Im Gegensatz zu Marchet weist Schmidt [2]) darauf hin, daß seit 1906 die russische (Rundholz-) Konkurrenz am Niederrhein nicht mehr zurückging. Die den oberrheinischen Rundholzversand bedrohende russische Zufuhr nach dem Hauptumschlagsplatz für Holz im niederrheinisch-westfälischen Industriegebiet zieht in gewisser Beziehung eine Grenze für die Preisgestaltung der oberrheinischen Ware, letztere wird in dem Maße aus ihrem alten Absatzgebiete verdrängt werden, in welchem sie, an den Niederrhein gelegt, über die Gestehungskosten der fremden Ware hinausgeht.

2. Die Organisation des Holzimports.

Der selbständige Holzimporthandel muß ähnlich dem Getreidehandel über große Kapitalkraft verfügen, um die jeweilig besten Bezugsquellen heranziehen zu können. Die Kapitalansprüche werden verstärkt durch die lange vor dem Verkauf vorzunehmenden Abschlüsse, sowie durch die Zahlungsweise: die Kontrakte werden 4, 5 und 6 Monate vor der Lieferung abgeschlossen und laden dem Handel somit ein großes Preisrisiko auf. Die Zahlung erfolgt bei dem Bezuge mit der Ankunft im Seehafen oder gegen 3 Monats-Akzept, wohingegen bei dem Absatz Barzahlung gar nicht üblich ist, dagegen wohl Zahlung in dem der Lieferung folgenden Monat mit 1½ bis 2% Skonto. Aber auch ein mehrere Monate umfassendes Ziel gehört nicht zu den Ausnahmen, im Baugewerbe spielt der Handel sogar mitunter die Rolle einer Bank. Der Handel sorgt aber auch für eine angemessene Sortierung der ankommenden Bezugsmengen, er macht dem Verbraucher die Ware gleichsam mundgerecht und gewährleistet so eine bestmögliche Verwendung der Holzproduktion. Der

---

1) Handelsk.-Ber. Duisburg 1908.

2) Schmid a. a. O. S. 83.

selbständige Holzhandel, der den Weltmarkt überschauen kann und muß, trägt durch seine Bezüge aus den verschiedensten Produktionsgebieten auch zur Nivellierung der Preise bei und bewahrt Produktionsgebiete, die sonst von der Weltmarktpreisbewegung nicht oder kaum berührt würden, vor einer Preisverknöcherung.

Im Laufe der Jahre hat sich im reinen Holzhandel wie auf andern Gebieten eine Spezialisierung vollzogen, die sich allerdings erst vollziehen konnte, als die Nachfrage nach Waren bestimmter Beschaffenheit, aber dem Charakter nach Massenartikel, einen solchen Umfang annahm, daß sich eine Handelsorganisation darauf aufbauen ließ: ein spezieller Grubenholzhandel war doch erst von dem allgemeinen Holzhandel abzutrennen, nachdem der neuzeitliche Bergbau gewaltige Mengen von Hölzern erforderte; desgleichen ließ ein Schnittwarenhandel eine Lagerhaltung möglich und lohnend erscheinen, nachdem sich bestimmte Maße ausgebildet hatten, nachdem eine Art Normalisierung eingetreten war, wenngleich dadurch eine gewisse Individualisierung nicht ausgeschlossen wird. So richten nicht nur inländische, sondern auch ausländische Sägen Schnittware nach „rheinischem" Maß her, ohne befürchten zu müssen, durch Begrenzung des Absatzgebietes die Preise dieser Waren zu gefährden.

Direkte Beziehungen mit den Exporteuren knüpfte der Duisburger Holzimporthandel Ende der 90er Jahre zuerst mit der Bukowina an. Diese Form der direkten Eindeckung kommt aber nur im Verkehr mit der Bukowina und Rumänien vor, und auch da bildet sie nicht die Regel, auch ist es keine Regelerscheinung, daß Importeure Vertreter oder Einkäufer in Rußland, Schweden, Amerika haben. Wenn demnach die Duisburger Importeure keine Einkaufsfilialen im Exportgebiete unterhalten, so haben umgekehrt die Exporteure nur selten eine Exportfiliale im Importgebiete. Von dem Seehafenhandel ist aber der Duisburger Holzimporteur vollkommen unabhängig. In frühern Jahren genügte das Angebot inländischer Erzeugung vollkommen, so daß sich für den Seehafenhandel kaum eine Betätigung bot, werden doch 1858 und 1859 unter dem Auslandsgüterverkehr nur je 95 Schiffslast [1]) aufgeführt, die von holländischen Häfen kamen und wahrscheinlich aus den baltischen Provinzen stammten. Als aber die fremden Bezugsgebiete herangezogen werden mußten, war der Importhandel an der Ruhr genügend kapitalstark, um die Bezüge zu machen. Wenn heute Hamburger, Bremer, Rotterdamer, Amsterdamer, Antwerpener Häuser mit dem Importhandel der Ruhrhäfen in Verbindung treten, so sind es Agenturfirmen, in dieser Eigenschaft ist auch London an der Ruhr noch tätig. Was der Hamburger und Bremer Importhandel beziehen, gelangt nur dann an den Niederrhein, wenn es für den niederrheinischen Importeur vorteilhafter ist, aus „zweiter Hand" zu kaufen.

Von Ausnahmen abgesehen, geht der Verkehr zwischen Importeur und Exporteur regelmäßig über einen Vertreter des letzteren, der entweder in einem der Seehäfen seinen Sitz hat und im Binnenlande Unteragenten unterhält, oder der sich in einem der Binnenhafenorte angesiedelt hat. Der Agent vertritt fast immer mehrere Exporthäuser, so daß er in der Lage ist, die jeweilig günstigsten Angebote dem Importeur zu unterbreiten. Die eigene Vergütung gibt dem Vertreter die Möglichkeit, die ihm von seinem Auftraggeber gezogenen Preisgrenzen noch zu unterschreiten. Bei der Lieferung folgenden Beanstandungen trägt der Agent durchweg zu einer beide Teile befriedigenden Erledigung bei.

Die Kontrakte, die der Importeur mit dem Exporteur durch den Agenten abschließt, lauten durchweg „Cif" Rotterdam; Amsterdam und Antwerpen haben für den

---

1) Eine Schiffslast = 37½ Ztr., später ist die Last wie auch heute noch mit 40 Ztr. angenommen.

Duisburger Holzimport nur eine geringe Bedeutung. Bei Abladungen aus Schweden, Norwegen, Rußland wird meistens „fob“ [1]) Abgangshafen gehandelt; „cif“ Duisburg wird nur bei dem direkten Rheinseeverkehr abgeschlossen. Die Arbitrage wird meist für Duisburg vereinbart, sie trägt aber noch den Charakter einer „freundschaftlichen“ Arbitrage.

Von Exportfirmen, die anerkannt gute Marken vertreiben, wird auf Grund von übersandten oder überreichten Listen gekauft [2]).

Wenn die Ablader, namentlich die nordamerikanischen, den gecharterten Schiffraum mit der verkauften Ware nicht ausfüllen können, wird wohl zur Ausnützung des Schiffsraumes Konsignationsware beigeladen, die bis Rotterdam, auch wohl bis Duisburg an eine Speditionsfirma geht und von dieser bevorschußt wird, doch übernehmen auch Agenturfirmen die Bevorschussung, die die noch schwimmende Ware schon in Bearbeitung nehmen. In der Neuzeit bringen nordamerikanische Ablader schon Holz in ganz kleinen Partien, in „cars“ (amerikanische Waggons von 40—50 t) zur Verladung, es laufen sogar Dampfer, die nur „cars“ beiladen, insbesondere zu Baumwolle. Diese kleinen Mengen sind über den Importhandel hinweg leichter unterzubringen, die Agenten können damit nicht nur unmittelbar bis an die „zweite Hand“, sondern sogar bis zum Konsumenten vordringen.

Die umfangreichen Bezüge der Importeure erfordern ein großes Lager. Wenn große Ankünfte zu erwarten sind, dann wird zwar versucht, die Ware „schwimmend“ zu verkaufen, um einem möglichen Preisdruck vorzubeu-

1) „Fob“ = free on board, der Ablader trägt nur die Transportkosten bis zum Schiff. Dem Importeur wird hierbei das Frachtenrisiko aufgebürdet.

2) Ein Verzeichnis aller gehandelten Marken nebst der sie vertreibenden Häuser findet sich in „Shipping Marks on Timber“, William Rider & Son-London, das jedes Jahr neu erscheint.

gen, aber der Verkauf schwimmender Ware gelingt meist nur gut eingeführten Firmen; die Verbraucher sind im allgemeinen keine Freunde dieser Verkaufsform, weil sie bei ihren speziellen Ansprüchen das damit verbundene Qualitätsrisiko nicht tragen wollen. Durch das dem Importeur mit Rücksicht auf den Konsum obliegende Sortieren der Ware, durch die Notwendigkeit, auch dann dem Verbrauch die nötigen Mengen zur Verfügung stellen zu können, wenn die Beifuhren durch gestörte oder noch nicht aufgenommene Schiffahrt auf sich warten lassen, wird der Importeur dauernd zur Haltung eines umfangreichen Lagers genötigt, das er in Ermanglung von geeigneten öffentlichen oder privaten Lagerhäusern selbst unterhalten muß. Das wirkt aber in der Richtung einer Steigerung des Kapitalanspruchs.

Je nach dem Zwecke ist die Lagerung des Holzes verschieden. Das Grubenholz wird, nach Länge und Stärke sortiert, im Freien aufgestapelt. Die Schnittware wird durchweg in gedeckten, geräumigen, seitlich offenen Schuppen gelagert, dabei wird bei der Aufstapelung auf die verschiedene Austrocknung der Ware Rücksicht genommen. Das Floßholz lagert im Wasser, hauptsächlich Duisburg gegenüber, am linken Rheinufer. Zur Anlage eines seit Jahren erstrebten Floßliegeplatzes ist es seitens der Strombauverwaltung bisher noch nicht gekommen.

Das Grubenholz wird ausschließlich mechanisch aus dem Schiffe entladen, wohingegen das Löschen der Schnittwarensendungen überwiegend durch Träger erfolgt. Das Auskranen stellt sich nicht viel billiger und ist bei empfindlichen Hölzern nicht gut anwendbar. Lediglich um sich von den stetig steigenden Forderungen der Hafenarbeiter und von Unterbrechungen der Entladetätigkeit durch Arbeitsniederlegung unabhängiger zu machen, scheint das Auskranen mehr in Aufnahme zu kommen.

3. Konzentration und Dezentralisation.

Der Holzimporthandel, der in allen bekannten Holzproduktionsgebieten tätig sein muß, der immer neue Produktionsgebiete heranzieht, muß sich zur Lösung seiner sich selbst gestellten schwierigen Aufgabe auf langjährige Erfahrungen stützen können. Die Heranziehung neuer Produktionsgebiete und die damit verbundene Einführung von bis dahin wenig oder gar nicht bekannten Marken in den Konsum ist nur Firmen von bekanntem Rufe möglich; sie müssen in den Abnehmerkreisen ein hohes Maß von Vertrauen genießen, um die neue Ware überhaupt unterbringen zu können, da Holz an sich schon ein Vertrauensartikel ist. Zu diesem rein persönlichen Einschlag tritt dann noch der bedeutende Kapitalanspruch des selbständigen Holzimporthandels, hervorgerufen durch die großen Bezüge, die ausgedehnte eigene Lagerhaltung, die lange vor dem Verkauf zu tätigenden Abschlüsse, die Art des Zahlungsausgleichs, die Vorlegung der Zollgefälle. In Duisburg erfolgt die zollamtliche Abfertigung der Holzankünfte durchweg an den Lagerplätzen, da der Zollhafen räumlich zu beschränkt ist, wodurch aber pro Tag 15 bis 18 Mk. Kosten entstehen. Die Zollbehörde stellt es indessen in das Belieben der Empfänger, ob sie nach „Abwiegen" oder nach „Eichaufnahme" verzollen wollen [1]). Alle die vorgenannten Umstände mußten dazu führen, daß nur wenige Firmen sich dem Holzimport zuwenden, und daß die Zunahme der selbständigen Importeure gering ist.

In der neuern Zeit sind indessen Bestrebungen deutlich erkennbar, den Importeur zu umgehen. Schon in dem Aufkommen kleiner Agenten, die auch dem kleinen Bedarf nachgehen, liegt eine solche Tendenz vor, die in-

---

1) Im ersten Falle wird eine Partie des Holzes gewogen und danach das Gesamtgewicht der Ladung auf Grund der Schiffspapiere berechnet, im zweiten Falle wird das Gewicht nach der Tauchtiefe ermittelt. Bei Hartholz ist das Abwiegen, bei Eichenholz aber das Eichmaß für die verzollende Firma vorteilhafter.

folge von waggonweise aus Österreich-Ungarn und Süddeutschland gelieferter Ware, durch die nordamerikanischen „cars"-Abladungen und teilweise durch Konsignationsware eine nicht unbedeutende Verstärkung erfährt[1]). Eine Ausschaltung des zwischen Importeur und Exporteur vermittelnden Agenten durch Errichtung eigener Verkaufs- bzw. Einkaufsfilialen findet dagegen nur ganz vereinzelt statt, von der Importseite ist eine Zunahme dieser Bewegung nicht zu bemerken.

Ernstliche Versuche, von der Konsumseite an den Produzenten heranzukommen, sind von dem Bergbau und der Papierindustrie gemacht worden, indem beide Gruppen zur Schaffung eigener Einkaufsabteilungen übergingen. So unterhält die Firma Hugo Stinnes ein umfangreiches Lager für Grubenholz am Ruhrorter Hafenbecken C, das mit den neuesten mechanischen Entladevorrichtungen arbeitet, außerdem unterhält sie im Duisburger Hafen ein Schnittwarenlager und in Essen ein Sägewerk. Zeitungsmeldungen zufolge soll Stinnes mit einem Konsortium in neuester Zeit einen großen Waldkomplex in Schweden erworben haben. Der direkte Bezug der Gruben als Konsumenten unter Umgehung des Handels kommt indessen nur vereinzelt vor, unternommene Versuche wurden durchweg schnell aufgegeben: dem Handel gewährt nicht nur die langjährige Erfahrung einen Vorsprung, er kann außerdem alles Holz verwerten, wohingegen die Gruben mit dem für ihre Zwecke ungeeigneten Holzanfall wieder auf den Holzhandel zurückgreifen müssen. Der Anfall von für den Bergbau ungeeignetem Holz bewirkt sogar, daß selbst der Grubenholzhandel sich fast nie ausschließlich mit dem Vertrieb von Grubenholz befaßt. Weil bei dem direkten Einkauf der Konsumenten immer wieder auch solches Holz erworben werden muß,

1) Klagen darüber finden sich im Handelsk.-Ber. Duisburg 1903, auch Schmid a. a. O. berichtet aus Süddeutschland in gleichem Sinne.

das für den beabsichtigten Zweck unbrauchbar ist und dann an den Handel abgestoßen werden muß, fällt es auch der Papierindustrie so schwer, den Handel zu umgehen.

Die Kapitalkraft der Gruben wie der Zellulosefabriken kann die Erfahrung, die einen langsamen Entwickelungsgang bedingt, allein nicht ersetzen, während umgekehrt durch die Erfahrung die Wirkung der Kapitalkraft des Importhandels gesteigert wird.

Neben der Konzentration des Importhandels im allgemeinen vollzog sich eine örtliche Dezentralisation. Der Importhandel nahm da seinen Sitz, wo die Ware bis zur endgültigen Verteilung, bis zur Unterbringung in den Konsum, bleiben sollte: die Schiffsentladung, das Lagern, der Versand und die sonstigen notwendigen Maßnahmen lassen sich dort am besten leiten und überwachen. In Duisburg waren die Verhältnisse einer Zusammendrängung des Holzhandels insofern günstig, als von hier aus ein Versand nach allen Richtungen leicht zu bewerkstelligen war, und als das konsumfähige Hinterland den Absatz großer Lagermengen wahrscheinlich erscheinen ließ. Aber auch in Düsseldorf, Neuß, Köln, Dortmund bildeten sich ein beachtenswerter Holzverkehr und Holzhandel aus, Düsseldorf kann sogar als Hauptsitz des Agententums angesprochen werden.

Auf den Bedarf der durch die wirtschaftliche Entwickelung neu entstehenden Verbrauchsgebiete baute sich außerdem ein neuer Handel auf. Recklinghauser Firmen drangen bis in die Ruhrhäfen vor, errichteten hier für den direkten Bezug Niederlassungen, und obwohl im Hinterlande des Binnenhafens gelegen, stellten sie sich als gleichwertig neben den Hafeneigenhandel [1]).

Nach der Absatzseite kann dagegen nicht einmal von einer leisen Andeutung einer Konzentration die Rede sein. Weder der Duisburger noch der Düsseldorfer, Neußer,

1) Die Wicking'sche Holzindustrie A.-G. beschloß in ihrer letzten Gen.-Vers. die Aufhebung ihres Lagers am Ruhrorter Hafen.

Kölner, Dortmunder Holzhandel können für sich ein bestimmtes Absatzgebiet in Anspruch nehmen. Bei der günstigen Lage Duisburgs zum Verbrauchsgebiet unterhält der Duisburger Holzhandel in den Verbrauchsorten kaum Verkaufsfilialen. Der Verkauf vollzieht sich in der Hauptsache durch Reisende, weniger durch schriftliche Angebote; diese stete persönliche Fühlungnahme ermöglicht gleichzeitig die Kenntnis des Vorgehens der Konkurrenz.

Wie weit das Absatzgebiet reicht, ist vornehmlich eine Frachtfrage. Trotz der Entwickelung des Düsseldorfer Handels kann Duisburg noch in das Bergische liefern, und trotz des Dortmund-Ems-Kanals und des Holzeigenhandels in Dortmund, Münster, Emden, Papenburg geht der Handel Duisburgs noch über Dortmund hinaus. Der Dortmund-Ems-Kanal tritt bisher in seiner Bedeutung für die Holzversorgung Rheinland-Westfalens hinter dem Holzbezug über Rotterdam-Duisburg weit zurück, stellte sich doch der Kanalbezug in Tonnen:

1901	42 897	1905	45 609	1909	95 941
1902	39 211	1906	37 981	1910	101,200
1903	50 961	1907	49 751	1911	173 085
1904	47 281	1908	53 880	1912	181 871

Die verhältnismäßig geringe Entwickelung ist mit auf den Umstand zurückzuführen, daß die das Überseeholz heranbringenden Seedampfer gewöhnlich nicht nach Emden kommen. Am linken Niederrhein geht der Duisburger Holzhandel in Konkurrenz mit Düsseldorf, Neuß, Köln bis in das Aachener Gebiet, ja bis zur Grenze.

Der Versand erfolgt fast ganz auf dem Eisenbahnwege; was zu Wasser versandt wird, ist kaum nennenswert. Es gingen in Tonnen:

	zu Berg	zu Tal
1890	168	30
1895	937	50
1900	2495	—

	zu Berg	zu Tal
1905	810	—
1910	1207	1040

Anderseits zeigen die zu Wasser angekommenen Holzzufuhren und die mit der Eisenbahn versandten Mengen, daß der Duisburger Holzhandel seine größte Stärke noch immer im Fernabsatz besitzt.

Soweit die Importware über Rotterdam in das Industriegebiet kommt, wird der Duisburger Importhandel dank seiner Lage in dem geographisch günstigen Hafengebiet eine gewisse Vorrangstellung gegenüber dem Importhandel der andern Rheinhäfen einnehmen. Dagegen dürfte es dem Eigenhandel im Hinterlande der Ruhrhäfen gelingen, durch den Rhein-Herne-Kanal seinen Geltungsbereich vielleicht auf Kosten des Duisburger Eigenhandels weiter auszudehnen. Das Vordringen inländischer Produktionsgebiete, die jetzt schon ständige Vertreter an der Ruhr unterhalten, nötigt ebenfalls zu intensivster Tätigkeit, um die errungene Stellung im Absatze auf die Dauer zu behaupten.

4. Zusammenschlußbestrebungen.

Der Wettbewerb zwischen den Sägen, die alle Holzhandel betreiben, und dem reinen Holzhandel hat schon früher Bestrebungen ausgelöst, die eine Preisregelung nach der Absatzseite verfolgten. Schon 1888 verzeichnet der Duisburger Handelskammerbericht die Bildung einer Preiskonvention unter den Duisburger Firmen, die aber im nächsten Jahre bereits gesprengt war. Dagegen hatte eine Preisvereinbarung der Hobelwerke längern Bestand, weil einmal die Produktions- und Absatzverhältnisse gleichwertiger und die Anzahl der Beteiligten gering war, sodann die Vereinigung mit Rücksicht auf die Konkurrenz von Papenburg, Bremen, Lübeck in der Preisfestsetzung Mäßigung beobachtete [1]). Hingegen löste sich 1893 eine

1) Handelsk.-Ber. Duisburg 1893.

Bauholzkonvention auf: die Anzahl der Mitglieder und der Bezirk waren zu groß, Interessenkollisionen unvermeidlich. Auch die Pitch-pine-Konvention löste sich 1897 auf.

Neue Verbandsbestrebungen setzten erst im letzten Jahrzehnt wieder ein, wobei der Interessentenkreis größer gezogen wurde. 1905 vereinigten sich die Grubenholzhändler zu einer Konvention, die aber auch keine wesentliche Preisaufbesserung herbeiführen konnte und bei der wachsenden Konkurrenz der Außenseiter 1910 der Auflösung verfiel[2]). In 1908 schlossen sich die Hobelwerke mit denjenigen an der Weser und Ems zu dem „Nordwestdeutschen Hobelholzverband" zusammen, die Sägewerke vereinigten sich in dem „Rheinisch-Westfälischen Bauholzverband" und die Pitch-pine-Importeure in der „Rheinisch-Westfälischen Pitch-pine-Konvention". Die beiden letzten Vereinigungen bestehen aber schon nicht mehr. Die auseinanderstrebenden Interessen nicht nur im Handel selbst, sondern auch zwischen Holzindustrie und Holzhandel lassen es fraglich erscheinen, ob man mit Preiskonventionen zum Ziele kommt, auch müßten schon die Agenten der Exporteure mit hineingezogen werden — die Pitch-pine-Konvention hatte mit den Agenten eine Vereinbarung —, aber auch dann würde ein Zusammenschluß in Niederrheinland-Westfalen immer noch mit der Konkurrenz von Süddeutschland und Österreich zu rechnen haben. Anderseits wären die Gruppen-Kartellierungen geeignet, eine umfassendere Organisation vorzubereiten, die schon mit Rücksicht auf die Bildung von Ablader-Organisationen erwünscht erscheint; haben sich doch 1910 bereits die für den Export über Galatz-Rotterdam nach dem Rhein in betracht kommenden unabhängigen rumänischen und österreichischen Firmen zu einem Kartell mit gemein-

---

1) Handelsk.-Ber. Duisburg 1910.

samem Verkaufskörper zusammengeschlossen, auch in Schwaben besteht schon einige Jahre eine Vereinigung der Exporteure, desgleichen in Rußland und Nordamerika [1]).

C. Der Petroleumhandel.

1. Das Eingehen des Duisburger Petroleumhandels.

Zu den Stapelartikeln der Ruhrhäfen ist auch das Petroleum zu rechnen, dessen Handel bis 1890 selbständig war. In dem genannten Jahre aber erwarb die Deutsch-Amerikanische Petrolum A. G. (D. A. P. G.) die durch die Firma Faber u. Co. 1899 an der Mündung des Duisburger Hafens erbauten Petroleumanlagen, und damit erhielt die Gesellschaft einen Stützpunkt für die Versorgung des niederrheinisch-westfälischen Industriegebietes, was deutlich aus der sprunghaften Steigerung der Petroleumzufuhr hervorgeht: von 4152 Tonnen in 1890 stieg dieselbe auf 51 649 Tonnen in 1894. Seitdem trat dadurch ein Rückgang ein, daß in dem neuen Düsseldorfer Hafen ebenfalls Tankanlagen errichtet wurden. Mit dem Aufkommen der Beförderung des Petroleums in Tankkähnen ist die Zufuhr mit der Eisenbahn zur Bedeutungslosigkeit herabgesunken, wenngleich auch vorher schon der Bezug zu Wasser überwog. Es kamen in Duisburg an in Tonnen:

	von der Seeseite	mit der Eisenbahn		von der Seeseite	mit der Eisenbahn
1880	273	—	1886	439	100
1881	814	—	1887	501	210
1882	836	—	1888	425	180
1883	808	—	1889	130	270
1884	975	—	1890	3 487	1 487
1885	1 456	—			

Der Rückgang 1886—1889 dürfte auf die Eisenbahntarifermäßigung von Bremen aus (13. November 1886) zurückzuführen sein. 1887 klagt der Duisburger Handels-

1) Schmid a. a. O. S. 89.

kammerbericht, daß „die großen im Hochfelder Hafen errichteten Lagerplätze für Petroleum meistens leer lagen, und daß sich das Geschäft auf Duisburg und Umgegend beschränken mußte". Petroleum ist der einzige Stapelartikel des Duisburger Hafenverkehrs gewesen, mit dem der Bremer Handel bis unmittelbar an das Hafengebiet herangehen konnte, und in dem es gelungen ist, den Binnenhafenhandel dauernd auszuschalten. Weder der holländische noch der belgische Seehafenhandel hat Bremen diese Stellung streitig machen können. Begründet lag das Übergewicht in dem Verhältnis, in welchem der Geestemünder Spediteur Wilh. A. Riedemann und die Bremer Firma Alb. Nik. Schütte u. Sohn zu den Amerikanern [1]) standen. Sie waren es, die zuerst für Deutschland den Vertrieb des amerikanischen Petroleums übernahmen.

Bis zum Ausgang der 80er Jahre kamen die gefüllten Petroleumfässer mit Seglern nach Bremen und Hamburg, wurden hier im Hafen eingelagert und dann „in Quantitäten von meist je mehreren hundert Faß an die binnenländischen Grossisten abgesetzt."

2. Das Vordringen der Standard Oil Co.

Die Duisburger Handelskammer schob die Schuld an dem Eingehen des Duisburger Petroleumhandels dem Ausnahmetarif zu [2]). Der Tarif zeigte sich indessen vollkommen unwirksam, sobald man für den Transport eine neue Form unter Benutzung des Wasserweges bis weit in das Binnenland hinein gefunden hatte, da ging der Transport trotz Tarif auf die Wasserstraße über. Auch ohne Ausnahmetarif würde der Handel den binnenländischen Grossisten verloren gegangen sein: im Kampfe um den Absatz war man genötigt, billig zu verkaufen; an

1) Gehrke: Die neuere Entwickelung des Petroleumhandels in Deutschland, S. 56.

2) Hand.-Ber. Duisburg 1891, 1894, 1898.

der geringwertigen Ware Petroleum war aber nicht viel zu verdienen, „so blieb nur das Mittel der Verbilligung des Transportes durch Verkürzung des Weges vom Importeur zum Kleinhändler“ [1]). Dieser Weg war nur gangbar, wenn es gelang, das Glied zwischen Importeur und Kleinhändler auszuschalten. Ob nun Bremen etwas früher oder später den Petroleumhandel nach Rheinland-Westfalen an sich riß, wäre im Endergebnis gleich gewesen. Nicht darum konnte man 1891 „wieder den billigsten Weg über Antwerpen, Rotterdam, Amsterdam nach Duisburg wählen“, weil der Petroleumhandel am Niederrhein an Bremen gefallen war, sondern weil die Technik des Transportes die Wahl dieses Weges ermöglichte, ja geradezu vorschrieb. Durch die Einführung der Flußtankkähne einerseits und der Eisenbahnzisternen anderseits, durch die Errichtung großer eiserner Tankläger auf dem Lande und durch den Straßenwagenbetrieb wurde der Vertrieb auf eine ganz neue Grundlage gestellt. Der Geschäftsbetrieb des Hafenhandels erstreckte sich fortan auf die Verwaltung des Lagers, auf die Spedition des Petroleums und bis zur allgemeinen Einführung der Eisenbahnkesselwagen auf den Einkauf der leeren Fässer, die in Duisburg zur Füllung verwandt wurden. Der Verkauf ab Duisburg lag ganz in den Händen der Bremer Zentrale.

Duisburg mit seinem konsumfähigen Hinterland für Petroleum war für den Vertrieb des amerikanischen Petroleums, für die Eroberung des industriellen Absatzgebietes, ein so wichtiger Stützpunkt, daß die D. A. P. G. unter allen Umständen versuchen mußte, hier Fuß zu fassen. Sie konnte diesen geographisch günstig gelegenen Verteilungshafen schlechthin nicht entbehren. Wenn die Handelskammer Duisburg 1896 schrieb, daß „es fraglich gewesen sei, ob die Monopolisierung ohne die Unterdrückung des rheinischen Petroleumhandels hätte durch-

1) Gehrke a. a. O. S. 57.

gesetzt werden können, daß es geschehen, sei vornehmlich der Mitwirkung der preußischen Staatseisenbahnen zuzuschreiben", so ist diese Stellungnahme durch den großen Eifer, mit dem sie sich gegen die Seehafen-Ausnahmetarife wandte, erklärlich, aber in ihrer Voraussetzung keineswegs zutreffend.

Nachdem die D. A. P. G. in Duisburg Fuß gefaßt hatte, vollzog sich die Entwickelung schnell. Gleich nach dem Ankaufe des Faber'schen Tanks von 5000 Faß Fassungskraft erbaute die Gesellschaft noch 2 weitere Tanks und konnte dadurch 33 000 Faß lagern. Die Einrichtungen waren derart, daß man jährlich 150 000 bis 200 000 Faß versenden konnte. Mit 3 Tankkähnen wurde die Zufuhr begonnen, 2 Jahre später hatte man bereits 6 in Betrieb. Die geschaffenen Anlagen genügten jedem Bedarf, selbst eine längere Unterbrechung der Schiffahrt störte nicht. Auch im Hinterlande des Hafengebietes riß die Gesellschaft bald das ganze Geschäft an sich. Von 1891 auf 1892 konnte sie die Zufuhr von 15 034 Tonnen auf 32 262 Tonnen steigern, 1893 waren es schon 42 230 Tonnen. Mit der Eisenbahn kamen von Duisburg aus 24 370 Tonnen in 1895 zum Versand, 24 796 Tonnen in 1900 (Tabelle 16). Gleichzeitig hatte das früher über Belgien und Holland bezogene russische Petroleum eine Abnahme zu verzeichnen [1]). Über die Preisgebahrung finden sich in den Handelskammerberichten keine Angaben. Nur 1891 wird von einem Preisrückgang infolge „der wirtschaftlichen Vorteile beim Bezuge des losen Petroleums" berichtet, und 1895 wird über den häufigen Wechsel der „Detailpreise" geklagt. Dieser letzte Umstand dürfte vornehmlich auf den Wettbewerb des Kleinhandels [2]) zurückzuführen sein, der Petroleum als einen „Lockartikel" betrachtet. Das Ausschweigen über die Preisgestaltung wird man aber

1) Hand.-Ber. Duisburg 1892.

2) Gehrke a. a. O. S. 110.

dahin deuten können, daß die D. A. P. G. sich keiner Übergriffe schuldig gemacht hat. Bei der wenig freundlichen Gesinnung gegenüber der Gesellschaft würde eine willkürliche Preissteigerung ganz sicher festgenagelt worden sein. Die Monopolstellung ist seit der Mitte der 90er Jahre [1]) auch arg ins Wanken gekommen. Seit 1903 hat die Petroleum-Produkten A. G. eine Niederlassung in Duisburg, indessen haben die Anfuhren nur geringe Änderungen erfahren. Jedenfalls berechtigen die Schwankunken zu keinem Schluß auf den Absatz der konkurrierenden Unternehmungen.

In neuerer Zeit macht sich in Duisburg wie in andern Städten ein Versuch zur Ausschaltung des Kleinhandels durch Einführung des Petroleum-Kannengeschäftes bemerkbar. Wenn sich diese Vertriebsart durchsetzt, dann würde man eine weitestgehende Vertriebsvereinigung haben. Produktion, Veredelung und der gesamte Handel bis zum letzten Verbraucher wären dann in einer Hand zusammengefaßt. Zur Durchführung dieser Vertriebsart wird es wohl nicht kommen, weil die voraussichtliche Verstaatlichung des Petroleumvertriebes den ganzen Handel umgestalten dürfte.

Gegenwärtig hat die D. A. P. G. am Duisburger Hafen 4 Petroleumtanks, die 67 000 Tonnen fassen. Neuerdings kommt das Petroleum nicht nur in Tankdampfern von Amerika nach Rotterdam, von wo es durch Rheinkähne weiterbefördert wird, sondern es werden auch Barken verwendet, die von Tankdampfern herübergeschleppt werden. Die Zahl der Rheinkähne, die bis 1500 Tonnen Tragkraft haben und die den Transport nach den Ruhrhäfen besorgen, beträgt 10. Aus den Tankanlagen werden die Eisenbahnzisternen durch am Lande stehende Dampfpumpen gefüllt; solcher Zisternen sind in Duisburg 55 stationiert, nur ganz vereinzelt kommt noch eine Füllung

1) Gehrke a. a. O. S. 109.

in Holzfässern vor. Dagegen wird das seit kurzem in Tankdampfern lose von Amerika nach Duisburg über Rotterdam beförderte Schmieröl, zu dessen Aufstapelung 5 Schmieröltanks von zusammen 4900 Tonnen vorhanden sind, fast ausschließlich in Holzfässern und nur vereinzelt in Zisternen verladen.

Über die fernere Gestaltung des Petroleumhandels in den Ruhrhäfen läßt sich zur Zeit noch nichts sagen, hier muß die evtl. Neugestaltung durch ein Gesetz abgewartet werden. Die Bedeutung als Stapelort für Petroleum wird Duisburg aber trotzdem behalten, da eine andere Beförderungsart als mit Tankdampfern nicht gewählt werden wird, dadurch muß sich aber in den Ruhrhäfen der Umschlag vollziehen.

Schlußwort.

Die Häfen und Ladestellen der Werke haben trotz ihres bedeutend gewachsenen Güterumschlags die Aufwärtsbewegung des Güterverkehrs der öffentlichen Häfen nicht aufhalten können. Da das Ausdehnungsbedürfnis der großen Werke der Eisen- und Kohlenindustrie noch keineswegs zum Stillstand gekommen ist und auch Werke, die weniger günstig zu den öffentlichen Häfen liegen, mit der Schaffung eigener Häfen vorgehen, so kann mit einer weitern Zunahme der privaten Hafenanlagen in den nächsten Jahren gerechnet werden. Anderseits werden aber auch die Ausweitungsbestrebungen der Industrie und die Bevölkerungszunahme den öffentlichen Häfen fortgesetzt neue Umschlagsmengen zuführen, sei es, daß die Güter von den Häfen aus in das Hinterland hineinstreben, sei es, daß die Produktion mehr und mehr den Auslandsmarkt aufsucht. Darum wird man auch den aufgetauchten Befürchtungen einer ungünstigen Beeinflussung des Verkehrs der Ruhrhäfen durch den Rhein-Herne-Kanal keinen großen Wert beilegen können. Die Schnelligkeit des Verkehrswachstums mag vielleicht etwas gemindert werden, aber einem Stillstand oder gar einem Rückgang wird schon die voraussichtliche industrielle Entwickelung ein Gegengewicht entgegenstellen, sieht man doch gegenwärtig, wie die Eisenindustrie den Niederrhein hinunter sich wie ehedem unmittelbar auf die Kohle aufbaut und wie neue Ansiedlungen sich mit überraschender Geschwindigkeit zu großen Konsumgebieten auswachsen.

In Eisenerz, Eisenfabrikaten, Kohlen, Getreide, Holz, Petroleum sind die Ruhrhäfen der große Stapelplatz für das Hinterland. Diese Vielheit von Stapelartikeln gibt den Häfen den großen Verkehrsvorsprung vor allen andern deutschen Rheinhäfen wie vor den Binnenhäfen überhaupt (vergleiche graphische Darstellung X und Tabelle 18). Dagegen kommen die Ruhrhäfen in Baumwolle und Tabak, obwohl die diese Massenrohstoffe verarbeitenden Industrien zu den ältesten Gewerben Duisburgs zählen, als Stapelplätze nicht in Frage und ebenso nicht in Kolonialwaren. Die Schiffszufuhren erschöpfen noch nicht einmal den lokalen Bedarf des engern Hafengebietes.

Eine vollständige Loslösung des Binnenhafenhandels von dem Handel der Seehafenstädte ist in diesen Warengattungen nicht eingetreten. Dagegen konnte der Binnenhafenhandel in den Stapelartikeln den Seehafenhandel fast gänzlich ausschalten. Sehr gering ist der Anteil des letztern am Getreide- und Holzhandel, dagegen stark am Eisenerzhandel und beherrschend im Petroleumhandel. Wenn man von Petroleum, das eine Ausnahmestellung einnimmt, absieht, so ist selbst in dem Handel, mit dem der Seehafenhandel in das Hinterland der Ruhrhäfen hineinreicht, eine vollständige Änderung eingetreten. Der Binnenhafenhandel ist nicht mehr nur die zweite Hand, er wird nicht mehr vom Seehafenhandel getragen, er ist ihm nicht mehr unter, sondern in jeder Beziehung nebengeordnet. Wenn ehedem die Handelsfäden vom Seehafen ausstrahlten, wenn sich die Verkehrsbeziehungen mit weit entfernten Produktionsgebieten im Seehafen, als einem Brennpunkte des Umschlags, vereinigten, so hat sich in der Neuzeit der Ausgangspunkt der Handelsbeziehungen für Rohstoffe und Fabrikate des Binnenhafenhinterlandes bis in diese Häfen vorgeschoben. Die Heranziehung neuer Produktions- und die Erschließung weiterer Absatzgebiete hat sich der Binnenhafenhandel genau so zur Aufgabe gemacht, wie es früher nur dem Seehafenhandel eigentümlich war. Aber dem Seehafen ist die Spedition der Massengüter verblieben, wenngleich sich auch hier eine Tendenz zeigt, die ein weiteres Eindringen der Binnenhafenunternehmung in den Seehafen hinein erwarten läßt. Allerdings ist eine entgegengesetzte Strömung auch vom Seehafen aus bemerkbar.

Die wirtschaftliche Bedeutung der Ruhrhäfen liegt sowohl in der Produktion wie auch in der Konsumtion der unmittelbar benachbarten Gebiete. In der Produktion, weil durch die Häfen die Benutzung des Transportkosten ersparenden Wasserweges für den Bezug der Massenrohstoffe und für die Abfuhr der Massenfabrikate wie des Rohstoffes Kohle ermöglicht wurde; die bereits eingetretene und noch andauernde Zentralisation der Industrie im Hafengebiet bringt das zum greifbaren Ausdruck. Für die Konsumtion sind die Häfen von Wichtigkeit, weil sie die Anwendung einer hochentwickelten Technik vor allem bei dem Massennahrungsmittel Getreide im Transport und Lagern gestatten. Produktion und Konsumtion gaben dann gemeinsam die Grundlage ab, auf der sich ein gewaltiger Hafeneigenhandel aufbauen konnte.

Die bedeutsame Stellung, welche die Ruhrhäfen im Wirtschaftsleben des niederrheinisch-westfälischen Industriegebietes einnehmen, hat erfreulicherweise nicht dazu geführt, in der Ausgestaltung der Anlagen zu erlahmen. Dank der Rivalität der Nachbarhäfen wird man auch in Zukunft gezwungen sein, sich alle die technischen Fortschritte nutzbar zu machen, die die jeweilige höchste Leistungsfähigkeit verbürgen.

Tabelle 1.
Gesamt-Hafenverkehr in Tonnen.

	in Ruhrort	in Duisburg	in Hochfeld	Summe d. öffentl. Häfen	privater Häfen und Ladestell.	Gesamtverkehr der öffentlichen und privaten Häfen u. Ladestellen
1860	1 742 093	690 255		2 432 348		2 432 348
1870	1 414 883	709 229	180 900*	2 305 012		2 305 012
1880	2 092 817	979 167	488 838	3 580 280*	256 722	3 837 002
1881	2 088 822	1 110 830	563 529	3 787 197*	257 608	4 064 805
1882	2 017 878	1 039 008	547 377	3 633 349*	293 370	3 926 719
1883	2 361 010	1 287 178	563 533	4 232 889*	276 462	4 509 351
1884	2 338 039	1 250 492	535 234	4 147 591*	287 639	4 435 230
1885	2 441 097	1 425 846	679 846	4 569 624*	357 071	4 894 700
1886	2 471 886	1 474 074	737 747	4 683 707*	355 894	5 034 801
1887	2 529 429	1 469 537	815 302	5 809 880*	450 496	6 260 376
1888	3 015 747	1 753 735	883 314	5 649 294*	525 923	6 175 217
1889	3 045 684	1 852 863	838 704	5 734 257*	576 950	6 311 207
1890	3 446 413	1 805 500	923 118	6 175 031*	519 288	6 694 319
1891	3 535 606	1 797 404	967 218	6 280 229*	508 482	6 788 711
1892	3 854 546	1 921 008	992 872	6 768 426*	604 558	7 372 984
1893	3 917 522	1 849 545	1 017 526	6 784 593*	567 010	7 351 603
1894	4 693 198	2 579 737	958 105	8 231 040*	574 593	8 805 633
1895	4 507 047	2 282 237	626 422	7 415 705*	634 183	8 049 888
1896	5 592 221	3 285 154	866 841	8 684 317*	776 157	9 460 474
1897	5 594 222	3 183 693	836 360	10 681 943*	1 047 220	11 729 163
1898	5 691 704	3 806 482	915 735	10 501 347*	1 525 372	12 026 719
1899	5 996 457	4 130 399	837 822	10 990 973*	1 837 657	12 828 620
1900	6 701 386	4 745 864	953 085	12 429 194*	1 944 537	14 373 731
1901	6 758 282	4 724 891	898 757	12 399 885*	2 166 133	14 566 018
1902	6 317 455	4 866 887	953 367	12 161 053*	2 434 069	14 595 122
1903	8 337 188	6 240 409	1 311 712	15 922 624*	3 120 572	19 043 196
1904	7 732 240	6 217 157	1 224 227	15 202 407*	3 600 025	18 802 432
1905	7 418 065	6 220 782	1 141 374	15 258 304*	4 611 238	19 869 542
1906			*bis 1880	14 292 133*	6 172 126	20 464 259
1907			nur	14 997 571*	6 594 928	21 592 499
1908			Kohlenab-	15 972 614*	7 695 887	23 668 501
1909			fuhr ein-	16 988 099*	8 421 635	25 409 734
1910			gesetzt	18 950 711*	9 468 611	28 419 322
1911				20 354 491*	9 714 396	30 068 886
1912				22 962 413	11 005 363	33 967 776
				*einschl. des Ruhrorter Eisenbahnbassin		

Tabelle 2.

Übersicht über den Verkehr in den privaten Häfen und Ladestellen in Tonnen.

	Duisburger Rheinufer			Homberg-Essenberg. Rheinufer			Verladest. Walsum		
	Zufuhr	Abfuhr	Summe	Zufuhr	Abfuhr	Summe	Zufuhr	Abfuhr	Summe
1880	256 722		256 722						
1881	257 608		257 608						
1882	261 978	1 544	263 522		*29848	29848			
1883	239 300	3 992	243 522		32940	32940			
1884	221 510	2 871	225 381		39004	39004			
1885	264 998	3 595	268 593		50920	50920			
1886	250 499	7 748	258 247		65667	65667			
1887	326 654	6 259	332 913		67361	67361			
1888	356 793	1 789	358 582		94153	94153			
1889	389 333	7 705	397 008		110402	110402			
1890	342 928	13 099	356 027		109428	109428			
1891	325 037	9 042	334 079		112772	112332			
1892	371 192	19 427	390 619		129566	129566			
1893	360 440	11 457	371 897		112337	112332			
1894	368 208	13 418	381 626		127299	127299			
1895	406 669	6 223	412 892		97880	97780			
1896	497 328	18 981	516 309		118753	118753			
1897	513 195	15 779	528 974	42 600	100799	143399			
1898	679 560	31 769	711 329	36 116	109841	145957	31 610		31 610
1899	710 594	33 638	744 232	42 270	130023	172293	18 739	1 532	20 271
1900	760 791	34 069	794 860	50 425	133286	183711	10 892	1 490	12 382
1901	807 016	55 792	862 808	52 263	135119	187382	43 808	2 693	46 501
1902	706 732	94 712	801 444	57 745	138616	196361	23 571	3 362	26 933
1903	826 512	91 823	908 335	54 663	171760	226423	45 751	6 735	52 486
1904	730 344	68 251	798 595	60 763	239077	299840	65 246	6 918	72 164
1905	699 441	70 766	770 207	72 535	431366	503901	60 320	5 921	66 241
1906	702 776	54 303	757 079	61 606	482142	543748	49 256	4 596	53 852
1907	1 057 034	50 769	1 107 803	75 302	305285	380587	58 579	4 443	63 022
1908	1 291 148	45 323	1 336 471	79 004	10929	86933	59 075	7 351	66 426
1909	1 213 357	121 370	1 334 728	88 231	30543	118774	86 864	9 265	96 129
1910	1 185 884	190 903	1 376 787	87 480	34348	121828	62 703	8 845	71 548
1911	1 092 081	154 913	1 246 994	77 879	36665	114544	71 067	9 674	80 741
1912	1 293 178	202 473	1 495 651	105873	36427	142300	90 991	8 337	99 328

*1882—1896 Kohlenfuhr der Zeche Rheinpreußen.

Fortsetzung der Tabelle 2.

Uebersicht über den Verkehr in den privaten Häfen und Ladestellen in Tonnen.

	Häfen Alsum u. Schwelgern			Hafen Rheinpreuß.		Hafen Walsum		
	Zufuhr	Abfuhr	Summe	Abfuhr	Summe	Zufuhr	Abfuhr	Summe
1900	435 623	68 108	503 731					
1901	459 748	189 203	648 951					
1902	725 055	286 611	1 011 666					
1903	944 797	402 313	1 347 110					
1904	1 345 067	255 402	1 600 469					
1905	1 200 147	437 834	1 637 981			270 135	289 696	559 831
1906	1 542 954	562 293	2 105 247			549 074	682 746	1 231 820
1907	1 527 546	709 243	2 236 789	47 525	47 525	556 515	823 995	1 380 510
1908	1 508 258	1 027 894	2 536 152	802 503	802 503	547 873	870 877	1 418 750
1909	1 793 419	1 113 662	2 907 081	925 864	925 864	640 680	993 294	1 633 974
1910	1 908 102	1 188 850	3 096 952	980 084	980 084	858 756	1 115 820	1 974 576
1911	2 059 932	1 308 293	3 368 225	1 044 573	1 044 573	791 086	1 121 181	1 912 267
1912	2 328 786	1 438 675	3 767 461	1 130 114	1 130 114	971 199	1 117 188	2 088 387

	Hafen Rheinhausen			Verladestelle Phönix		
	Zufuhr	Abfuhr	Summe	Zufuhr	Abfuhr	Summe
1900	235 695		235 695	143 508	49 650	193 158
1901	134 859		134 859	242 287	43 345	285 632
1902	153 532	17 300	170 832	206 075	20 758	226 833
1903	290 674	15 456	306 130	262 715	17 373	280 088
1904	377 725	18 317	396 042	420 000	12 915	549 915
1905	668 720	56 216	724 936	310 948	37 768	348 716
1906	895 855	103 575	999 430	473 219	6 484	479 703
1907	825 423	97 236	922 659	450 040	4 861	454 901
1908	920 726	74 526	995 252	447 910	1 559	449 469
1909	934 598	124 548	1 059 146	342 431	2 750	345 181
1910	1 238 011	185 641	1 423 652	422 272	400	422 672
1911	1 359 867	199 302	1 559 169	381 892	5 988	387 880
1912	1 673 161	228 700	1 901 861	378 958	1 302	380 260

Tabelle 3.

Gesamt-Eisenerz-Zufuhr der Ruhrhäfen in Tonnen.

(Öffentliche und private.)

	Zufuhr zu Berg	Zufuhr zu Tal	Gesamt-Zufuhr	Öffentl. Häfen insgesamt	Private Häfen (Werkshäfen) insgesamt
1880	258 037*	136 461*	460 601	331 024	190 639
1881	223 446*	135 748*	429 097	316 317	182 834
1882	203 596*	124 317*	391 344	264 083	190 611
1883	253 018	190 385	443 403	242 600	160 436
1884	257 231	146 348	403 579	228 281	161 117
1885	347 371	161 520	508 891	290 071	184 806
1886	315 590	144 695	460 285	240 313	176 088
1887	321 481	191 165	512 646	289 853	212 675
1888	371 628	251 739	623 367	357 810	262 719
1889	428 604	294 257	722 861	442 293	278 472
1890	618 502	325 213	943 715	562 051	280 297
1891	490 608	249 332	739 940	478 398	270 681
1892	628 485	342 671	971 156	703 384	322 593
1893	675 806	209 309	885 115	650 804	302 825
1894	1 219 109	242 541	1 461 650	1 233 585	303 668
1895	998 727	168 321	1 167 048	891 973	340 188
1896	1 460 426	149 000	1 609 426	1 264 091	337 047
1897	1 671 545	123 638	1 935 826	1 469 044	581 243
1898	2 083 639+	165 879+	2 366 162	1 552 217	813 945
1899	2 600 497+	212 115+	2 983 043	1 900 347	1 082 726
1900	2 677 854+	238 723+	3 060 085	1 960 436	1 099 639
1901	2 775 011+	174 074+	3 191 372	1 887 967	1 303 405
1902	2 569 865+	209 204+	2 985 144	2 617 265	1 367 879
1903	4 082 296+	305 405+	4 650 416	2 428 944	2 218 733
1904	4 029 651+	303 075+	4 752 726	2 358 476	2 390 948
1905	4 626 508	324 450	4 950 958	2 405 163	2 545 795
1906	5 758 829	313 731	6 072 560	2 413 032	3 659 528
1907	5 839 226	327 439	6 166 665	2 655 010	3 511 655
1908	5 270 545	307 362	5 577 907	2 112 769	3 465 138
1909	5 626 831	472 202	6 099 037	2 158 768	3 940 266
1910	6 546 434	663 275	7 209 709	2 794 990	4 414 718
1911	6 759 620	514 807	7 274 427	2 800 227	4 474 199
1912	7 970 311	674 061	8 644 372	3 315 958	5 328 414

* Hafen Hochfeld fehlt.

\+ Ladestelle Phönix fehlt.

Tabelle 4.

Verkehr in Roh- und Brucheisen in Tonnen.

	Öffentliche Häfen	Private (Werks-) Häfen	Gesamtverkehr
	Zu- und Abfuhr	Zu- und Abfuhr	Zu- und Abfuhr
1897	150 375	49 638	190 013
1898	126 312	30 068	156 380
1899	159 484	35 259	194 743
1900	217 545	25 550	243 095
1901	98 115	33 015	131 130
1902	109 886	97 134	207 020
1903	120 271	128 416	248 687
1904	146 991	83 328	230 319
1905	113 075	93 428	206 503
1906	182 357	140 837	323 194
1907	133 445	130 612	264 057
1908	151 714	69 078	220 792
1909	234 644	252 598	487 242
1910	359 021	369 036	728 057
1911	449 090	324 469	773 559
1912	504 994	399 222	804 216

	Anfuhr			Abfuhr		
	Öffentl. Häfen	Private Häfen	Gesamt-Anfuhr	Öffentl. Häfen	Private Häfen	Gesamt-Abfuhr
1897	135 796	39 415	175 215	14 579	12 600	27 179
1898	119 004	19 845	138 849	7 308	10 223	17 531
1899	151 618	31 014	182 632	6 965	4 245	11 210
1900	212 813	21 210	234 023	7 618	4 340	11 858
1901	84 633	13 615	98 248	13 482	19 400	32 882
1902	65 763	24 533	90 296	44 123	12 601	116 724
1903	82 580	32 592	115 172	40 191	95 824	136 015
1904	114 492	10 533	125 025	32 499	72 795	105 294
1905	98 199	26 875	125 074	14 876	66 553	81 429
1906	165 610	86 937	252 547	16 747	53 900	70 647
1907	109 243	66 359	175 602	24 301	64 253	88 554
1908	114 814	32 449	147 263	36 910	36 629	73 539
1909	166 437	39 725	206 162	68 206	212 873	281 079
1910	223 389	53 605	276 994	141 314	315 430	456 744
1911	267 921	35 861	303 782	181 169	288 608	469 777
1912	353 221	55 808	405 149	151 773	343 214	494 987

Tabelle 5.

Verarbeitetes Eisen — Abfuhr in Tonnen.

	Öffentliche Häfen	Private (Werks-) Häfen	Gesamt-Abfuhr	Ruhrorter Hafen	Duisburger Hafen
1885				91 844	26 364
1886	145 773			123 560	18 262
1887	153 499			129 650	14 522
1888	119 740			103 786	9 876
1889	104 508			82 590	17 191
1890	143 006			139 161	1 160
1891	127 852			117 244	9 234
1892	107 400			90 467	9 320
1893	132 319			116 682	10 100
1894	194 453			173 405	12 129
1895	190 136			169 141	15 173
1896	185 784			153 761	26 874
1897	170 626	29 423	200 049	153 239	16 002
1898	193 318	37 698	231 016	153 432	30 973
1899	181 700	41 976	223 676	144 254	32 970
1900	209 735	59 509	269 244	183 442	19 691
1901	367 385	69 835	437 220	282 860	46 800
1902	574 339	88 864	663 203	482 310	91 732
1903	590 541	110 858	701 399	490 460	96 096
1904	466 593	71 945	538 538	382 933	60 638
1905	466 079	273 696	739 775	414 974	33 894
1906	409 972	361 672	771 644		
1907	340 935	393 882	734 817		
1908	344 682	308 576	653 258		
1909	374 977	310 317	685 294		
1910	487 243	480 806	968 049		
1911	536 390	483 962	1 020 352		
1912	620 655	414 018	1 034 673		

Tabelle 6.

Kohlen-Abfuhr in Tonnen.

	Öffentl. Häfen	Private (Werks-) Häfen	Gesamt-Abfuhr	Ruhrort	Duisburg	Hochfeld
1860	1 304 215		1 304 215	734 501	569 714	
1870	1 826 846		1 826 846	1 148 298	497 648	180 900
1880	2 633 497		2 633 497	1 610 664	614 868	407 965
1881	2 799 173		2 799 173	1 655 018	668 930	475 225
1882	2 732 618	29 848	2 762 466	1 596 668	659 554	476 363
1883	3 249 303	32 940	3 282 243	1 902 638	846 902	469 736
1884	3 150 211	62 258	3 212 469	1 925 292	762 067	492 852
1885	3 533 597	88 488	3 622 085	2 028 765	926 234	578 598
1886	3 574 944	97 647	3 672 591	2 004 302	947 476	623 166
1887	3 562 105	117 583	3 679 688	2 026 446	883 517	652 142
1888	4 278 524	167 341	4 445 865	2 421 786	1 120 363	736 375
1889	4 213 719	179 942	4 393 661	2 348 915	1 144 835	719 909
1890	4 519 671	173 261	4 692 932	2 563 874	1 118 348	837 449
1891	4 707 705	174 403	4 882 108	2 779 532	1 046 511	881 663
1892	5 076 537	213 939	5 290 476	3 040 576	1 161 609	874 847
1893	5 125 071	195 113	5 320 184	3 114 103	1 116 997	893 971
1894	5 666 713	192 967	5 859 680	3 475 422	1 401 097	790 194
1895	5 160 403	167 981	5 328 384	3 502 466	1 202 340	486 989
1896	6 582 470	183 746	6 766 216	4 276 364	1 709 182	641 356
1897	6 253 985	138 936	6 392 921	4 059 692	1 616 338	619 487
1898	6 796 046	167 406	6 963 452	4 220 220	1 996 376	634 668
1899	7 032 953	202 651	7 235 604	4 197 806	2 243 082	635 636
1900	8 223 135	210 153	8 433 288	4 850 564	2 680 187	692 384
1901	8 525 193	313 226	8 838 419	4 864 175	2 992 760	668 258
1902	8 317 553	374 213	8 691 766	4 465 486	3 150 792	701 115
1903	10 895 378	461 732	11 357 110	5 880 702	4 061 958	952 493
1904	10 385 621	411 055	10 796 676	5 466 051	3 970 220	949 350
1905	9 603 397	1 078 563	10 681 960	5 099 102	3 742 641	761 654
1906	8 982 250	1 468 362	10 450 612			
1907	9 065 602	1 557 330	10 622 932			
1908	10 724 885	2 449 565	13 374 450			
1909	11 941 578	2 698 131	14 639 609			
1910	12 881 799	2 799 895	15 681 694			
1911	13 114 002	2 961 849	16 075 851			
1912	15 096 225	3 187 693	18 283 918			

Tabelle 7.

Kohlen-Abfuhr nach dem Inlande und Auslande in Tonnen.

	nach dem Inlande aus allen Häfen	nach dem Auslande aus allen Häfen	Abfuhr aus den Häfen Ruhrort, Duisburg, Hochfeld	
			nach dem Mittelrhein bis Coblenz	nach dem Oberrhein
1880			107 404	628 622
1881			105 923	661 150
1882			84 029	639 862
1883			102 216	836 221
1884			102 052	846 866
1885			113 025	1 023 934
1886			102 674	1 649 379
1887			104 015	1 716 268
1888			142 946	2 216 337
1889			165 866	2 421 360
1890	2 870 514	1 649 156 *)	150 754	2 686 082
1891	3 031 268	1 676 437	149 449	2 846 483
1892	3 324 755	1 751 782	124 146	3 154 116
1893	3 410 560	1 714 511	143 975	3 226 029
1894	3 937 113	1 729 600	143 144	3 748 546
1895	3 418 321	1 742 082	127 770	3 243 549
1896	4 757 755	1 824 715	137 139	3 573 597
1897	4 375 178	1 878 807	155 419	4 178 795
1898	4 709 733	2 086 313	122 115	4 541 030
1899	5 012 325	2 020 628	114 704	4 845 064
1900	6 144 866	2 078 269	105 591	5 930 000
1901	6 269 466	2 255 727	94 927	6 063 000
1902	5 516 993	2 800 560	80 403	5 341 000
1903	7 160 195	3 735 183	101 271	6 884 000
1904	6 841 023	3 544 598	97 104	6 582 527
1905	6 373 315	4 187 705	113 979	6 140 057
1906	5 894 857	4 522 283	91 620	5 661 321
1907	6 886 922	3 680 370	148 592	6 265 542
1908	8 371 293	4 805 768	65 629	8 125 894
1909	8 066 614	6 573 095	47 688	7 815 600
1910	7 412 649	7 836 136	24 743	7 231 384
1911	7 551 892	8 523 960	30 077	7 368 011
1912	8 432 362	9 850 552	22 831	8 213 141

*) Die Abfuhr aus den Privathäfen zu Tal ist als Auslandversand gerechnet, da Angaben darüber fehlen; das Bild kann dadurch kaum beeinträchtigt werden.

Tabelle 8.

Getreide-Zufuhr der Ruhrhäfen in Tonnen.

	Gesamt-Zufuhr	Zufuhr zu Berg	Zufuhr in Duisburg	Zufuhr in Ruhrort
1880	125 852	122 650	52 341	75 643
1881	188 694	115 427	49 233	139 461
1882	171 539	167 841	72 356	99 183
1883	210 183	196 617	95 067	115 016
1884	254 780	245 990	121 502	133 278
1885	242 749	224 406	147 100	95 649
1886	238 222	228 618	166 092	72 130
1887	271 982	265 015	187 571	84 411
1888	313 515	298 013	218 152	95 363
1889	338 191	334 469	231 331	102 213
1890	369 099	365 762	251 746	106 045
1891	426 008	416 885	295 420	117 876
1892	339 944	326 881	239 152	99 401
1893	391 235	389 581	255 752	135 494
1894	511 991	508 625	341 944	170 059
1895	541 417	536 452	350 882	188 610
1896	668 388	664 658	480 928	187 460
1897	622 199	613 754	490 810	131 389
1898	723 653	710 245	558 792	164 861
1899	673 066	669 863	553 880	119 186
1900	684 692	678 428	596 656	88 036
1901	658 812	654 802	584 058	74 754
1902	680 035	673 704	616 935	63 100
1903	760 464	757 654	674 122	86 342
1904	749 719	739 634	656 410	93 309
1905	794 771	792 719	667 328	103 983
1906	771 134	768 616		
1907	826 102	820 928		
1908	695 697	690 865		
1909	777 554	774 033		
1910	840 667	839 599		
1911	896 409	893 355		
1912	914 646	904 783		

Tabelle 9.

Getreide-Zufuhr in den wichtigsten Rheinhäfen in Tonnen.

	Ruhrhäfen	Mannheim	Ludwigs-hafen	Köln	Düsseldorf	Neuß
1888	313 515	284 571	56 267	61 999	26 748	34 333
1889	338 191	256 892	45 004	50 979	28 081	24 233
1890	369 099	340 270	91 608	60 958	26 925	32 614
1891	426 008	361 934	134 143	63 196	21 438	38 191
1892	339 944	379 579	111 588	54 090	14 787	30 436
1893	391 235	484 437	134 439	59 639	26 755	30 435
1894	511 991	470 125	102 282	95 842	34 671	39 637
1895	541 417	550 375	152 990	76 845	31 415	52 497
1896	668 388	768 217	262 623	100 685	52 450	54 049
1897	622 199	870 339	109 252	98 716	39 563	34 786
1898	723 653	848 742	279 797	119 193	46 772	57 816
1899	673 066	672 936	305 994	119 521	52 762	61 303
1900	684 692	598 676	305 812	103 903	53 818	67 578
1901	658 812	811 225	375 047	107 914	58 398	83 626
1902	680 035	862 535	290 992	122 812	77 383	80 827
1903	760 464	1 084 366	405 103	131 363	90 957	98 489
1904	749 719	892 763	366 298	134 099	96 780	86 747
1905	794 771	1 054 877	427 919	145 722	118 896	100 935
1906	771 134	933 170	304 368	143 371	143 651	81 863
1907	826 102	1 014 262	364 462	135 496	211 785	116 839
1908	695 697	805 988	323 537	111 686	206 939	94 172
1909	777 554	839 717	382 388	104 484	234 096	125 328
1910	840 667	778 420	378 515	139 896	284 185	118 827
1911	896 409	886 009	392 986	154 824	281 060	127 337
1912	914 646	926 883	359 439	167 587	283 531	108 223

Tabelle 10.

Zufuhr zu Berg in den Hauptgetreidearten im Duisburger Hafen in Tonnen.

	Weizen	Roggen	Hafer	Gerste
1885	25 383	61 462	28 628	22 111
1886	32 803	75 744	20 570	23 231
1887	39 775	74 548	29 338	31 031
1888	44 768	97 587	35 239	29 043
1889	40 273	113 819	33 427	29 792
1890	55 996	99 240	32 902	38 266
1891	86 720	123 203	22 974	39 564
1892	93 916	73 979	6 694	33 893
1893	70 150	74 871	35 745	53 145
1894	92 297	107 882	48 801	75 287
1895	120 428	108 406	48 871	56 480
1896	135 447	139 504	77 104	87 346
1897	117 620	140 816	85 796	90 792
1898	134 478	143 276	102 837	98 865
1899	131 769	132 630	96 435	94 902
1900	132 399	165 862	137 066	60 256
1901	169 915	166 690	117 653	62 631
1902	158 904	193 546	131 593	74 247
1903	180 963	200 089	133 278	94 105
1904	187 792	176 651	125 355	102 100
1905*)	203 622	180 878	141 011	77 531

*) Von 1906—1910 fehlen die Angaben über den Verkehr der einzelnen Häfen.

Tabelle 11.

Verkehr in Mehl und Mühlenfabrikaten im Duisburger Hafen.

	Abfuhr von Mehl u. Mühlenfabrikaten in Tonnen				Zufuhr von Mehl u. Mühlenfabrikaten in Tonnen	
	zu Berg und Tal	zu Berg	Versand zu Schiff u. mit d. Eisenbahn	Versand mit der Eisenbahn	zu Berg und Tal	zu Berg
1880					2 115	2 095
1881					1 804	1 742
1882					2 719	2 714
1883					2 341	2 254
1884					3 395	3 383
1885	2 311	2 311			5 727	5 727
1886	4 974	4 894			9 380	9 308
1887	6 620	6 620			8 567	8 547
1888	5 576	5 554			8 440	8 408
1889	8 454	8 454			7 565	7 528
1890	6 321	6 311			7 830	7 805
1891	5 788	5 695			9 150	9 150
1892	7 043	6 663			5 158	5 083
1893	7 728	5 856			5 069	5 009
1894	10 898	9 233	83 792	72 794	7 471	7 471
1895	10 857	8 926	98 961	88 104	5 571	5 571
1896	10 754	9 649	106 025	95 271	6 996	6 741
1897	12 132	9 761	115 392	103 260	6 296	5 815
1898	13 076	10 724	111 125	98 049	6 628	6 585
1899	6 045	5 041	105 038	98 943	5 552	4 505
1900	7 167	6 170	117 465	110 298	9 482	7 703
1901	6 006	5 297	129 753	123 747	9 561	7 851
1902	6 925	6 256	148 859	141 934	6 818	5 270
1903	7 105	6 086	154 026	146 921	10 721	9 045
1904	7 185	5 878	160 081	152 896	9 447	7 493
1905	7 377	6 554	184 997	177 620	12 633	11 077

Tabelle 12.

Holz-Zufuhr in Tonnen.

	in den Ruhrhäfen			in den öffentl. Häfen	in den privaten Häfen	Darunter Floßverkehr aller Häfen
	zu Berg	zu Tal	Summe in allen Häfen	insgesamt	insgesamt	insgesamt
1880	4 295	82 872	87 167	87 167		57 320
1881	6 908	91 144	98 052	98 052		56 414
1882	10 421	101 263	111 684	111 684		69 061
1883	6 981	99 297	106 281	106 281		65 094
1884	15 813	130 036	145 849	145 849		59 492
1885	26 318	128 555	154 873	154 870		56 213
1886	19 374	121 144	140 518	140 518		57 559
1887	29 161	139 100	168 261	168 261		70 990
1888	36 499	147 465	183 964	183 964		109 028
1889	48 266	172 249	220 515	220 515		125 026
1890	49 957	168 973	218 930	218 930		117 993
1891	76 129	192 333	268 462	248 636	19 826	125 026
1892	85 329	203 652	288 981	267 155	21 866	126 665
1893	85 934	170 489	256 423	232 806	24 821	119 064
1894	125 192	198 240	323 432	305 932	17 500	116 285
1895	139 045	226 632	365 677	345 377	20 415	131 868
1896	172 375	276 526	448 901	429 157	19 800	170 139
1897	238 026	311 551	549 577	523 877	25 870	203 390
1898	268 781	292 635	561 416	508 122	52 344	194 830
1899	251 816	277 671	529 487	497 891	31 696	178 990
1900	240 809	285 282	526 091	496 517	29 574	170 764
1901	207 257	256 587	463 844	410 624	53 220	148 498
1902	169 990	237 971	407 961	362 110	35 951	121 144
1903	236 903	249 052	485 955	426 541	59 414	108 494
1904	289 869	222 717	512 586	429 040	83 231	126 286
1905	302 500	208 963	511 463	431 032	80 431	135 736
1906	338 796	229 260	568 056	501 654	66 402	142 117
1907	382 676	228 304	610 980	528 473	82 567	123 773
1908	444 906	208 904	653 810	512 980	140 830	111 698
1909	561 461	236 492	797 954	523 576	274 377	87 956
1910	465 706	241 510	707 216	559 606	148 530	114 174
1911	499 615	248 650	748 266	610 222	138 043	
1912	363 374	364 315	727 689	564 767	162 922	

Tabelle 13.

Holz-Zufuhr in den wichtigsten Rheinhäfen in Tonnen.

	Ruhrhäfen	Mannheim	Cöln	Düsseldorf
1880	87 167	99 785	18 575	16 481
1881	98 052	128 065	18 093	17 681
1882	111 684	103 440	16 944	24 389
1883	106 281	148 620	22 139	26 865
1884	145 849	180 643	21 905	25 662
1885	154 873	138 825	31 220	33 727
1886	140 518	125 338	37 501	33 438
1887	168 261	140 643	37 169	43 539
1888	183 964	152 648	50 401	41 926
1889	220 515	158 197	56 329	47 677
1890	218 930	159 875	49 190	44 195
1891	268 462	186 911	45 603	49 142
1892	288 981	202 879	49 431	53 348
1893	256 423	186 911	48 423	55 666
1894	323 432	179 482	63 551	62 127
1895	365 677	167 110	55 596	64 820
1896	448 901	183 814	66 690	56 494
1897	549 577	191 332	63 883	114 059
1898	561 416	192 162	72 375	142 085
1899	529 487	85 096	69 042	108 807
1900	526 091	198 359	83 024	151 431
1901	463 844	230 329	69 852	141 109
1902	407 961	774 887	61 787	147 425
1903	485 955	270 008	67 385	167 611
1904	512 586	215 533	80 560	170 167
1905	511 463	250 963	83 000	153 611
1906	568 056	297 081	91 009	174 634
1907	610 980	267 189	96 357	164 563
1908	653 810	348 629	101 563	144 396
1909	797 954	395 157	95 119	153 632
1910	707 216	285 634	84 099	189 906
1911	748 266	329 394	122 104	229 313
1912	727 689	413 881	140 271	268 347

Tabelle 14.

Holz-Zufuhr zu Berg und zu Tal in Tonnen.

	Duisburg		Ruhrort		Hochfeld		Eisenbahnhafen Ruhrort	
	zu Berg	zu Tal	zu Berg	zu Tal	zu Berg	zu Tal	zu Berg	zu Tal
1875	20 361	104 137						
1876	8 310	65 629						
1877	3 376	51 651						
1878	6 138	44 945						
1879	3 261	62 300	1 140	5 043				
1880	3 688	74 191	607	4 368		4 313		
1881	6 539	73 280	369	3 388		14 476		
1882	10 421	74 930	—	19 733		6 600		
1883	6 933	81 671	51	11 246		6 380		
1884	15 186	87 789	627	4 239		38 008		
1885	23 473	83 379	2 845	5 207		39 969		
1886	16 160	77 911	2 364	8 102	50	35 131	800	
1887	24 489	90 229	4 328	11 150	200	37 691	144	30
1888	29 482	95 634	6 442	14 607	—	36 361	575	863
1889	38 604	115 787	8 372	16 361	1 290	38 975	—	1 126
1890	34 675	110 738	15 282	23 409	—	33 780	—	1 046
1891	48 323	130 844	17 516	27 104	—	22 849	—	2 000
1892	52 578	127 867	16 949	33 591	—	36 130	—	—
1893	40 621	102 766	27 486	20 634	—	37 515	2 004	1 780
1894	76 695	119 046	36 051	30 580	—	36 859	—	6 701
1895	73 695	133 888	40 023	55 160	—	32 959	8 827	825
1896	98 872	163 082	46 823	66 245	—	42 879	10 916	340
1897	123 939	166 551	64 500	72 684	5 790	64 533	23 397	2 483
1898	142 297	169 938	62 488	63 626	1 885	53 721	14 167	—
1899	163 615	152 849	49 525	57 990	3 590	60 983	8 762	577
1900	156 685	149 891	48 832	63 960	5 489	64 307	6 025	1 328
1901	115 303	124 400	33 100	64 535	6 142	63 139	3 350	655
1902	94 877	116 798	23 883	58 193	5 370	56 972	4 751	1 166
1903	133 333	123 154	31 825	72 931	12 137	47 407	5 171	583
1904	153 507	110 678	41 517	59 501	14 632	45 538	3 258	355
1905	164 121	115 158	35 543	47 387	25 594	39 748	3 130	351
	*	*	*	*	*	*	*	*

*) Von 1906—1910 wird keine Trennung der Häfen vorgenommen.

Tabelle 15.

Zufuhr von Kolonialgütern im städt. Duisburger Hafen in Tonnen.

	Baumwolle zu Berg	Kaffee zu Berg	Zucker zu Berg	Tabak zu Berg
1875	289	1 686	272	2 668
1876	287	1 705	0,9	4 479
1877	310	1 366	0,7	3 715
1878	230	1 424	0,3	3 671
1879	—	292	121	1 302
1880	—	468	296	2 272
1881	—	455	189	2 601
1882	828	606	0,1	1 485
1883	894	924	—	3 488
1884	791	873	—	2 512
1885	890	1 027	—	2 697
1886	1 086	1 105	—	2 706
1887	1 068	729	1 867	3 059
1888	977	765	1 415	2 304
1889	1 049	507	6	2 893
1890	1 027	431	3	2 533
1891	759	202	0,2	2 330
1892	877	258	16	3 586
1893	519	210	31	1 682
1894	849	197	110	1 770
1895	1 259	215	139	2 184
1896	433	355	109	2 475
1897	61	414	407	2 233
1898	663	314	2 180	2 066
1899	464	433	3 974	2 071
1900	381	421	2 092	2 493
1901	267	390	3 738	2 310
1902	210	434	4 391	2 527
1903	456	427	4 928	1 662
1904	408	706	2 806	1 938
1905	407	551	913	2 301
1906	495	694	1 778	2 166
1907	+ 683	577	3 740	1 574
1908	+ 682	582	2 196	2 377
1909	+ 818	1 483	929	2 312
1910	+ 879		139	1 407
1911	+ 382		485	1 915
1912	+ 197		1 006	1 792

* Seit 1909 erscheinen Kaffee, Kakao, Tee in einer Summe.

+ Seit 1907 geben die Zahlen die Zufuhr in den öffentlichen Häfen an.

Tabelle 16.

Petroleumzufuhr im städt. Duisburger Hafen in Tonnen

	Zufuhr zu Wasser zu Berg	Zufuhr mit der Eisenbahn
1879	214	
1880	288	
1881	814	
1882	836	
1883	808	
1884	975	
1885	1 456	
1886	439	100
1887	501	210
1888	425	180
1889	130	270
1890	4 152	1 410
1891	15 034	440
1892	32 262	—
1893	42 230	181
1894	51 649	35
1895	41 138	53
1896	40 978	13
1897	36 643	15
1898	42 042	24
1899	29 488	14
1900	34 807	14
1901	29 877	3
1902	26 777	22
1903	27 548	—
1904	32 576	20
1905	34 418	
1906	45 477	
1907	42 357	
1908	48 931	
1909	53 171	
1910	57 683	
1911	58 053	
1912	49 486	

Tabelle 17.

Direkter Überseeverkehr in Tonnen Zu- und Abfuhr.

	Duisburger Hafen	Duisburger Rheinufer	Ruhrort	Duisburg-Ruhrorter Häfen
1895	15 328			
1896	14 153			
1897	16 145			
1898	24 834	27 923		
1899	39 995	36 334	33 457	109 756
1900	20 995	13 732	24 524	59 251
1901	30 479	25 375	29 204	85 058
1902	23 529	35 810	26 880	86 219
1903	18 684	12 918	26 112	57 714
1904	24 222	41 413	25 649	91 284
1905				51 720
1906				45 342
1907				28 610
1908				26 128
1909				34 766
1910				58 469

* Seit 1906 ist der Petroleumzufuhr die Zufuhr in andern Mineralölen zugezählt, die Ziffern beziehen sich auf alle öffentlichen Häfen.

Tabelle 18.

Gesamtverkehr der wichtigsten Rheinhäfen in Tonnen.

	Mannheim mit Rheinau und Ludwigshafen	Mainz, Kastell, Amöneburg und Gustavsburg	Cöln mit Deutz	Düsseldorf	Ruhrhäfen
1880	1 203 722	265 272	214 291	128 810	3 837 002
1881	1 603 780	371 449	235 119	152 084	4 064 805
1882	1 573 471	353 020	240 294	164 566	3 926 719
1883	2 011 543	582 336	296 933	179 480	4 509 351
1884	2 044 048	556 437	292 234	177 532	4 435 230
1885	2 234 221	643 598	317 932	182 977	4 894 700
1886	2 443 384	669 538	444 664	207 605	5 034 801
1887	2 481 939	519 017	485 090	229 245	6 260 376
1888	3 978 896	811 987	505 661	233 746	6 175 217
1889	3 299 557	807 445	499 759	242 616	6 311 207
1890	3 499 105	801 158	562 267	241 010	6 694 319
1891	3 622 674	843 718	560 887	235 310	6 788 711
1892	3 914 730	889 578	589 887	280 273	7 372 984
1893	4 137 881	930 821	638 016	303 114	7 351 603
1894	4 417 006	1 062 121	663 196	354 823	8 805 633
1895	4 048 273	1 061 043	650 712	335 599	8 049 888
1896	5 276 079	1 471 921	808 384	398 071	9 460 474
1897	5 461 798	1 561 675	825 180	507 261	11 729 163
1898	5 941 848	1 563 662	895 447	600 036	12 026 719
1899	6 549 705	1 605 897	1 018 732	619 453	12 828 620
1900	7 662 451	1 784 143	883 512	620 301	14 373 731
1901	7 434 577	2 308 274	755 178	582 819	14 566 018
1902	7 353 195	2 046 144	810 376	661 374	14 595 122
1903	8 866 071	2 909 144	991 240	834 827	19 043 196
1904	8 470 110	2 535 655	1 053 078	871 419	18 802 432
1905	8 783 554	2 564 837	1 094 983	1 018 929	19 869 542
1906	8 739 437	2 522 533	1 084 130	1 116 457	20 464 259
1907	10 075 100	2 980 586	1 036 739	1 133 344	21 592 499
1908	9 985 685	2 704 035	1 060 600	1 072 566	23 668 501
1909	9 809 040	2 200 573	1 084 730	1 237 479	25 409 734
1910	9 227 503	2 177 272	1 256 072	1 742 115	28 419 322
1911	9 082 333	2 419 255	1 392 683	1 721 962	30 068 886
1912	9 617 239	2 668 047	1 416 779	1 791 296	33 967 776

Gesamt
der wichtigsten Rhe

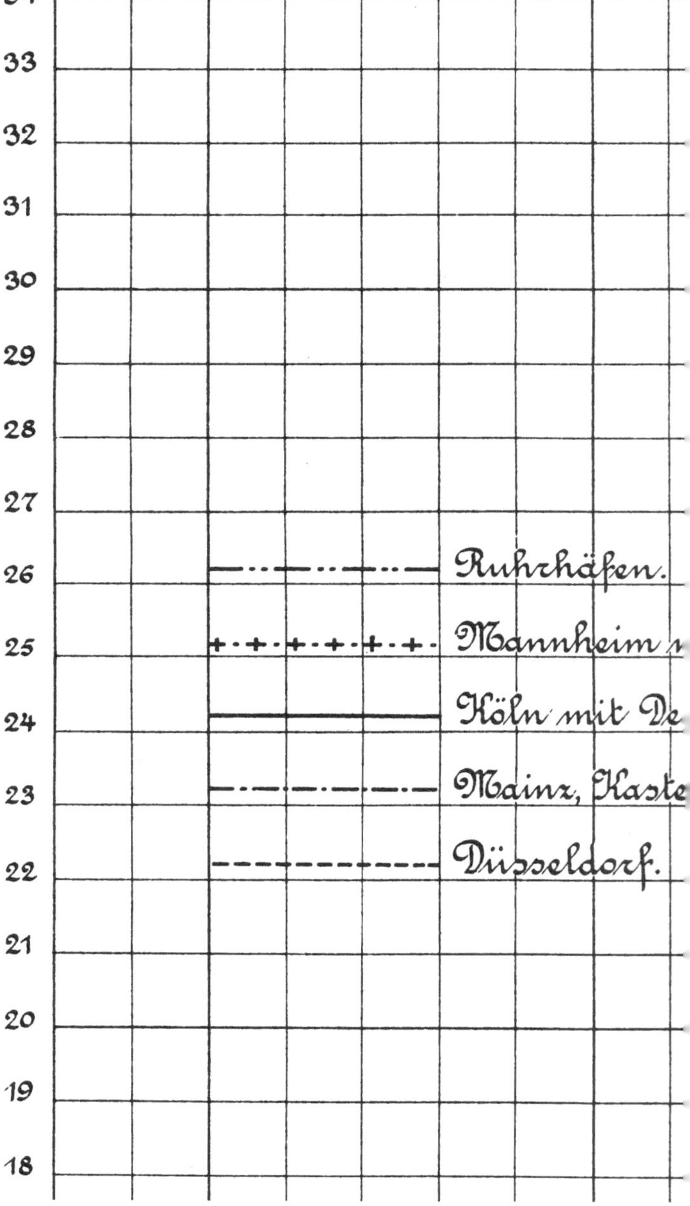

fenverkehr

fen in Millionen Tonnen.

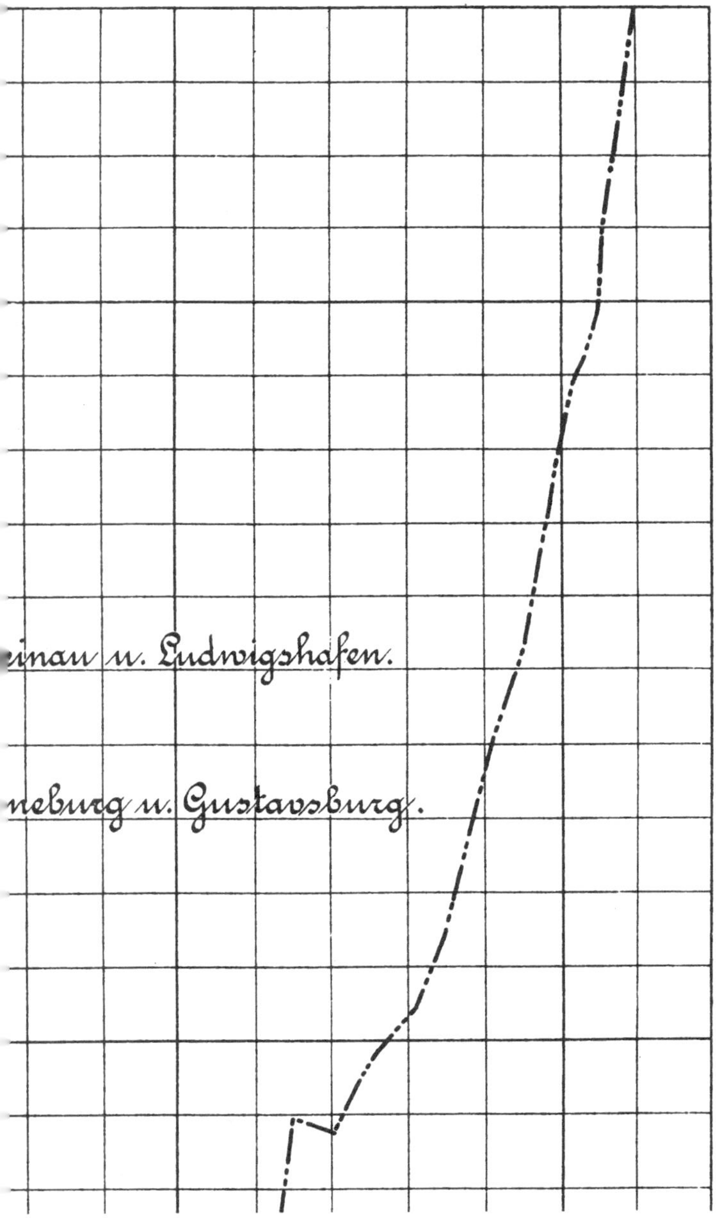

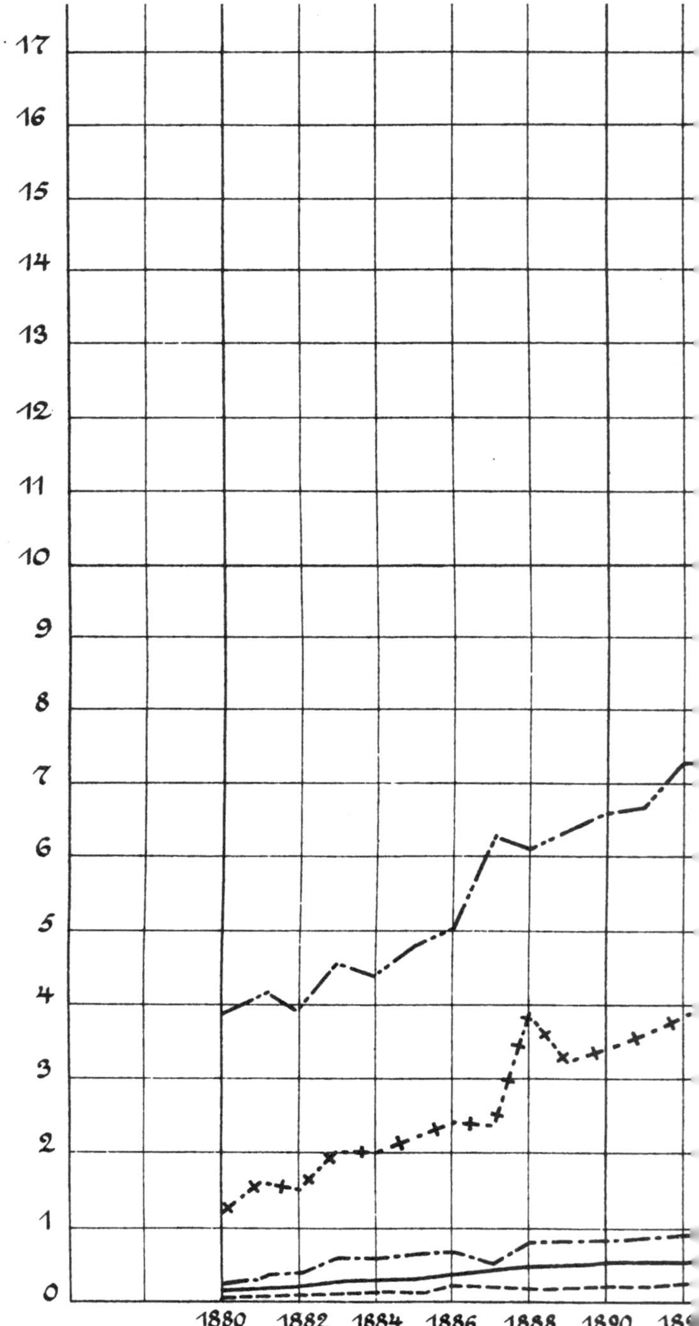

ruck v. Bogdan Gisevius, Berlin W. Bülowstr. 66.

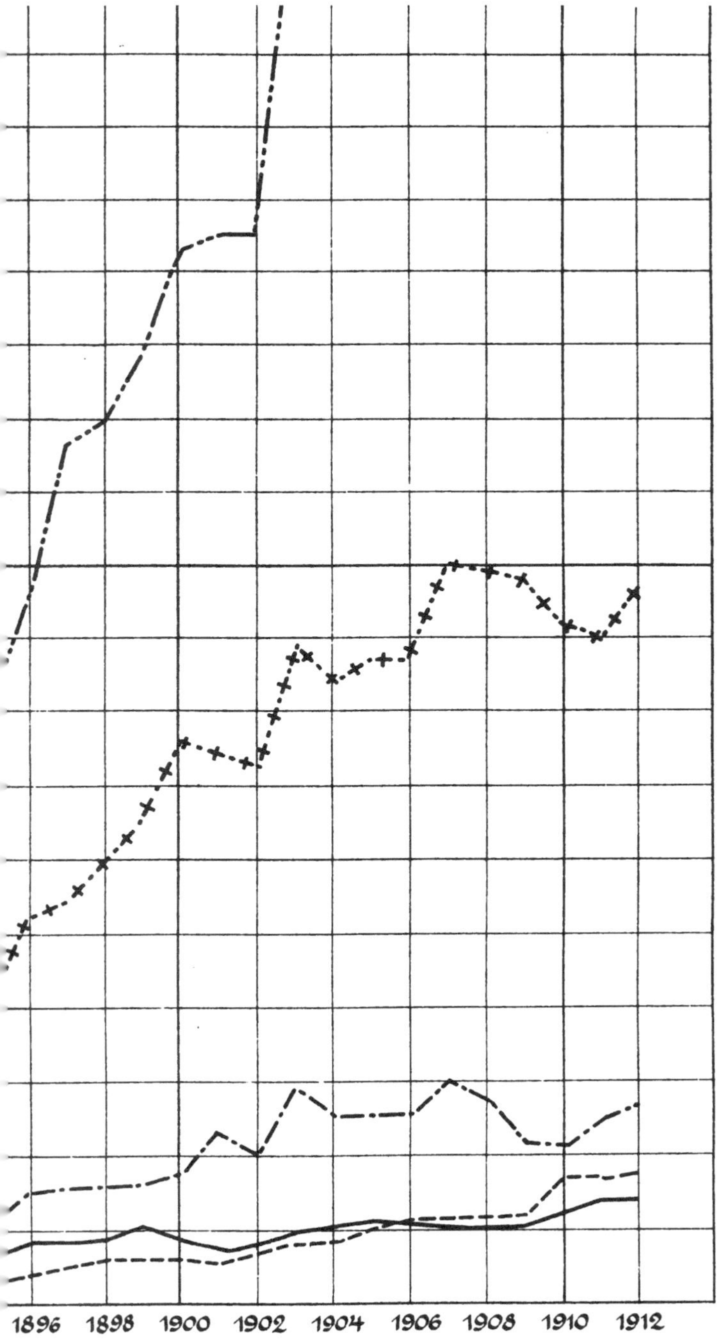
1896
1898
1900
1902
1904
1906
1908
1910
1912

I. Gesamtgüt

——————— öff

- - - - - - - - - - pri

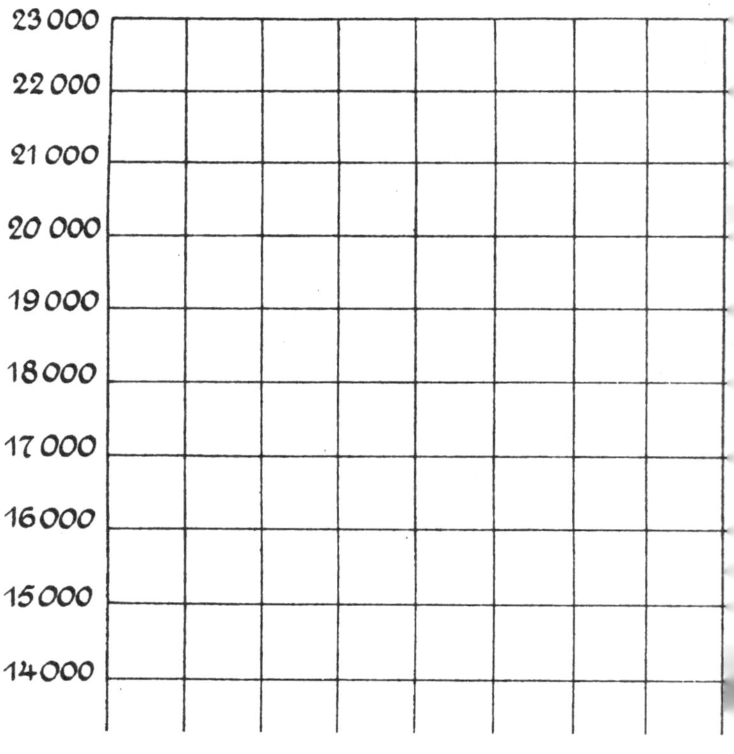

…kehr in 1000 t.

…e Häfen.

…äfen u. Ladestellen.

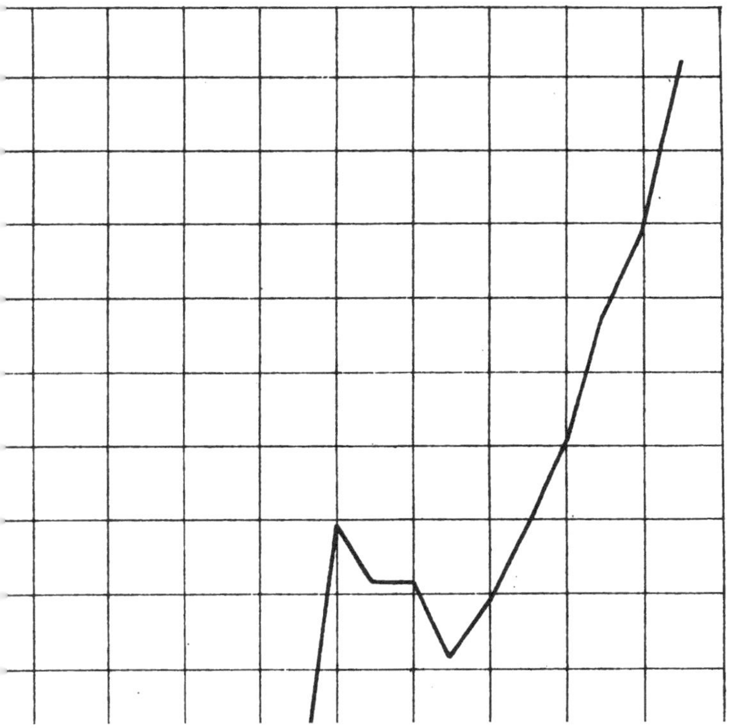

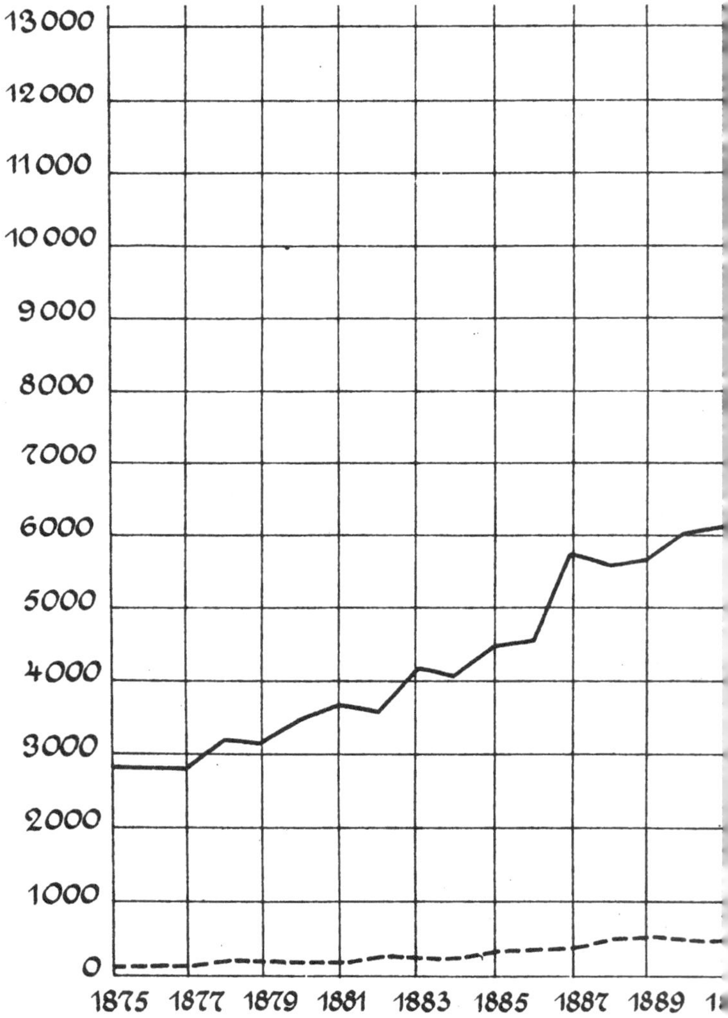

13000
12000
11000
10000
9000
8000
7000
6000
5000
4000
3000
2000
1000
0
1875
1877
1879
1881
1883
1885
1887
1889

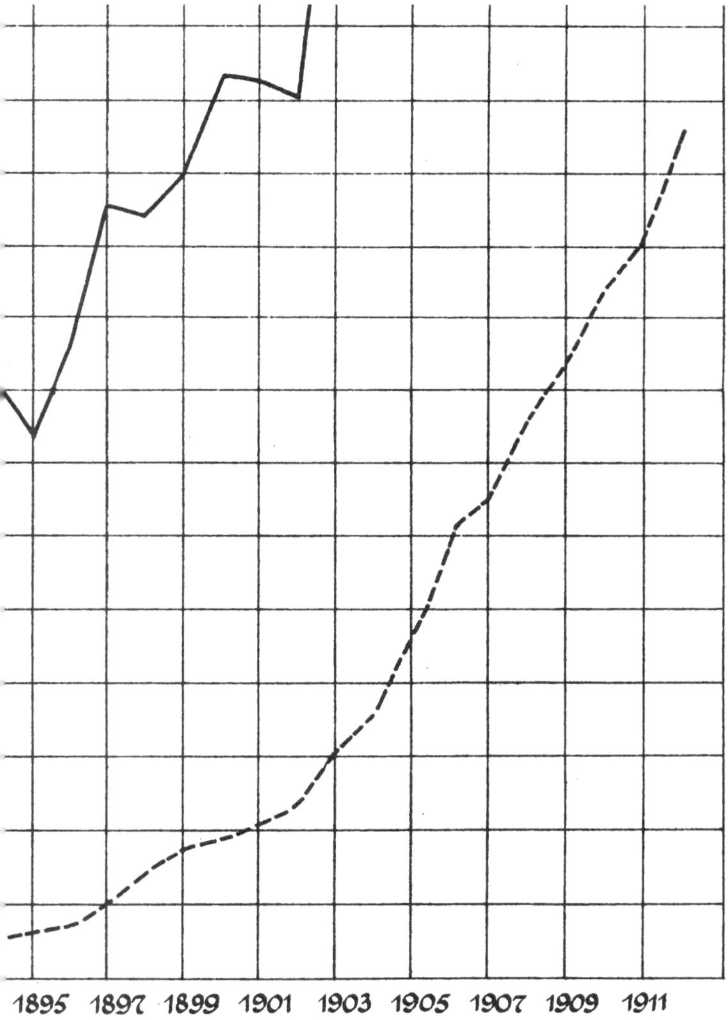
1895 1897 1899 1901 1903 1905 1907 1909 1911

II. Güterverkehr de

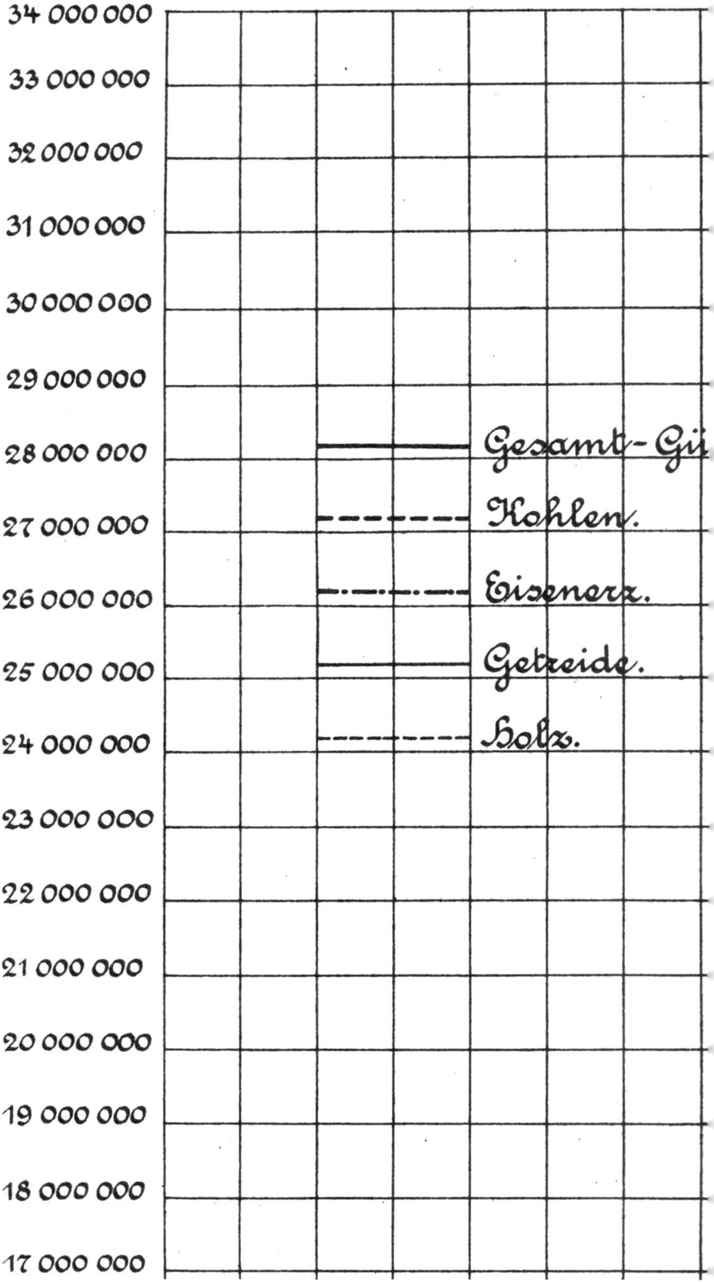

ntl. u. privaten Häfen in t.

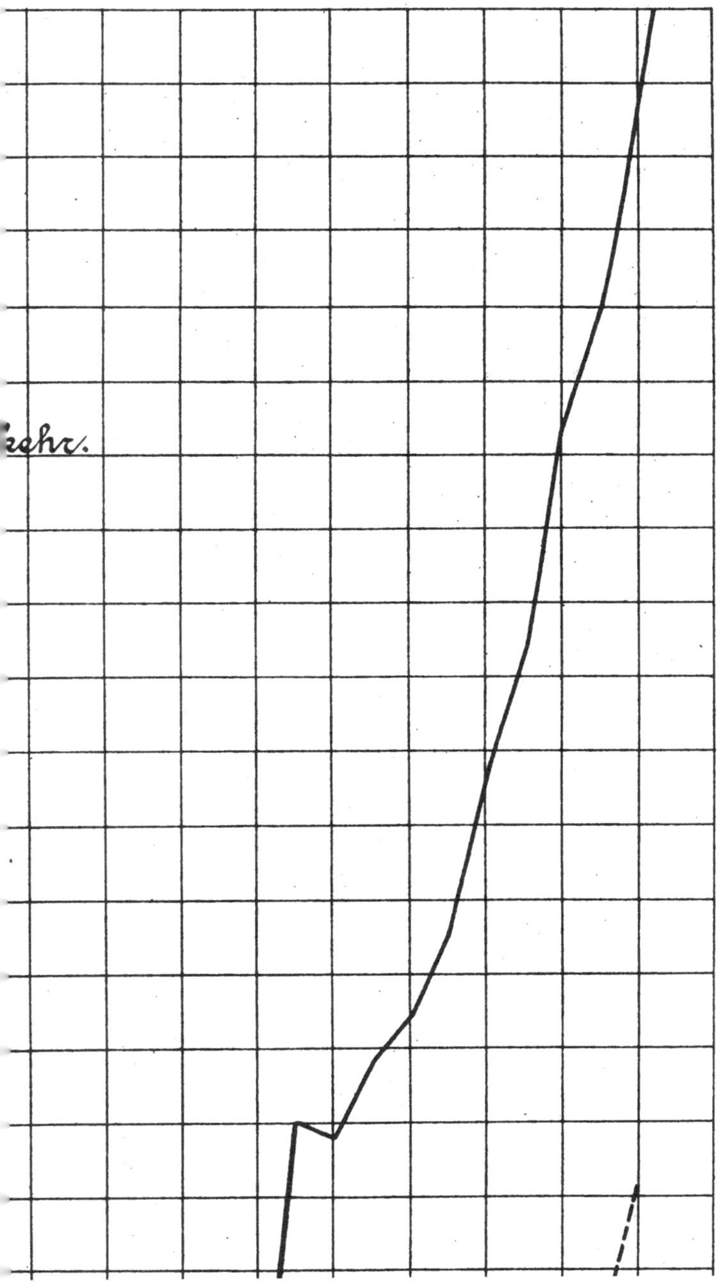

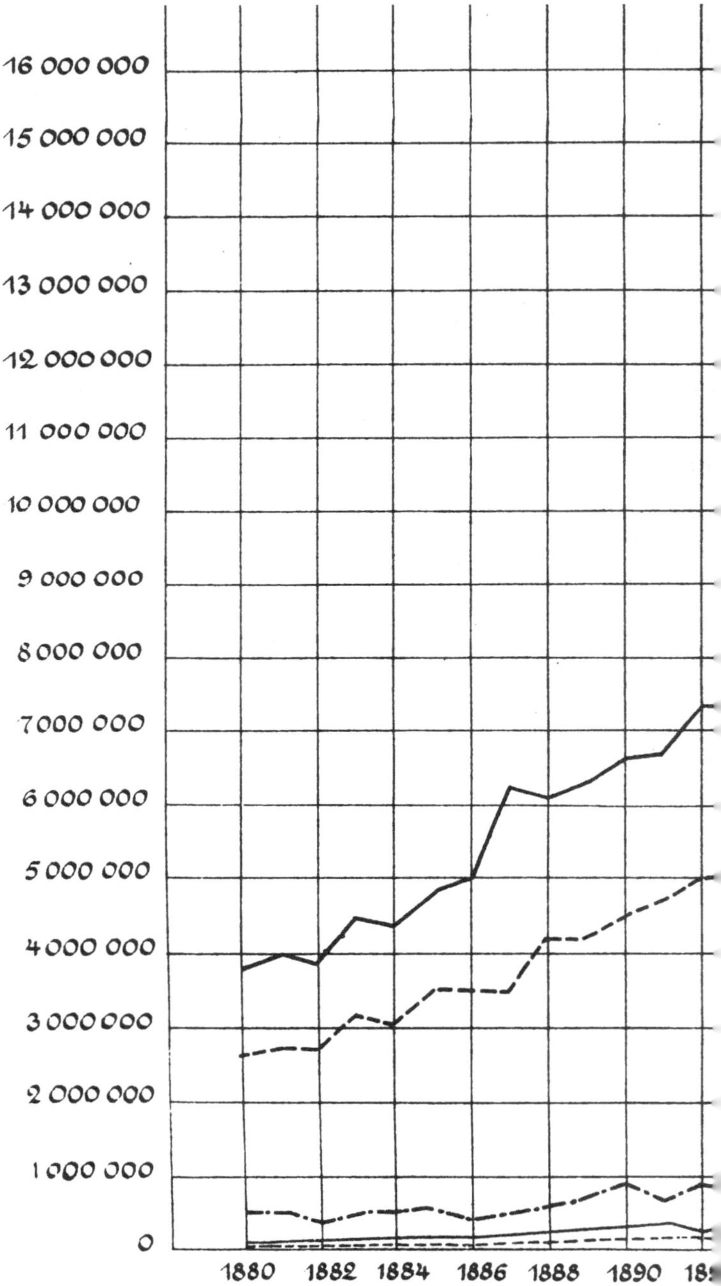

Gizaldruck v. Bo

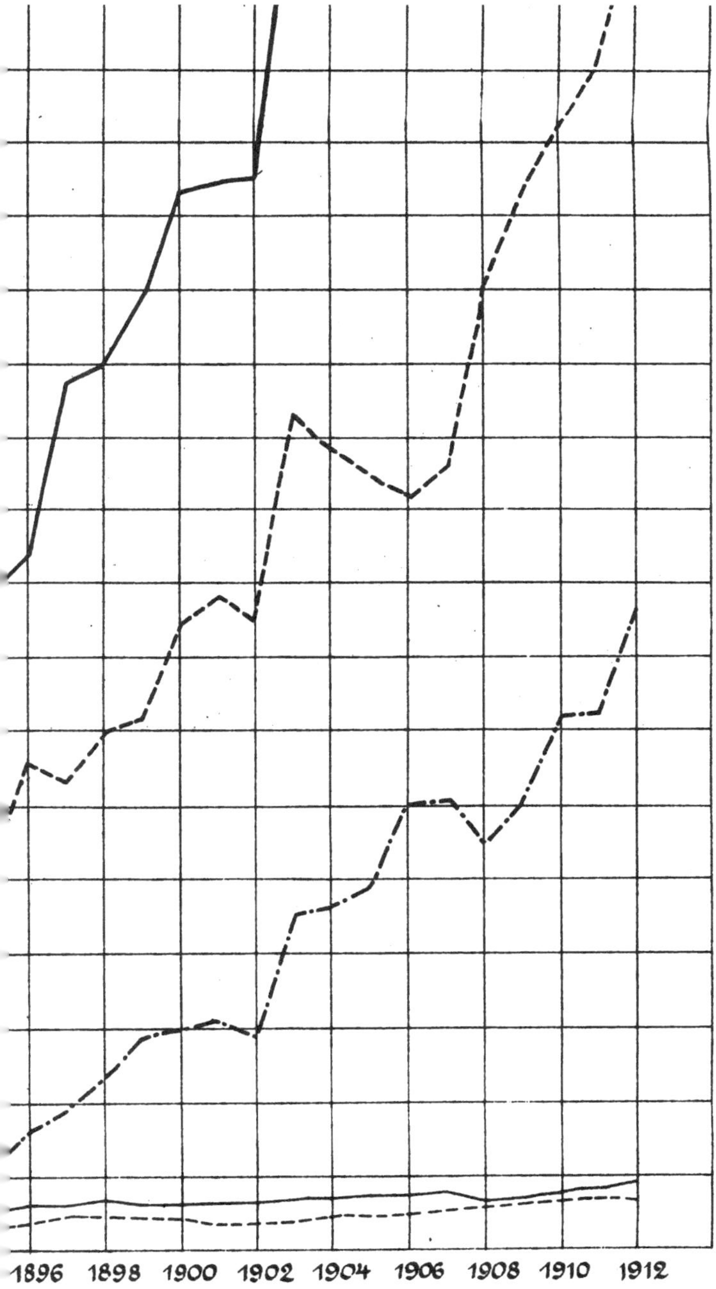

…o, Berlin W. Bülowstr. 66.

III. Erz-Z

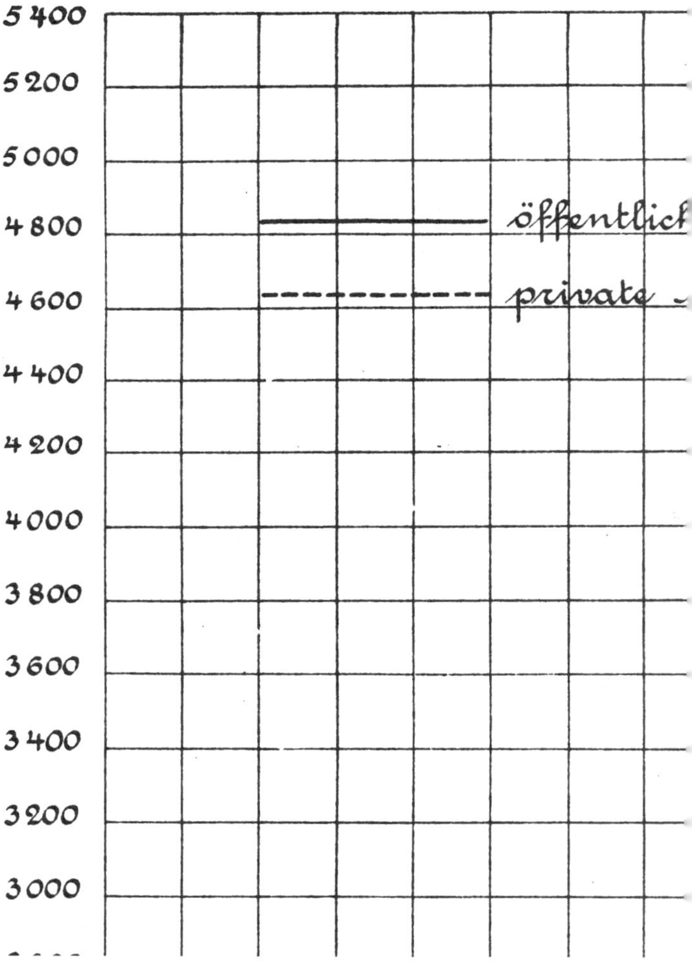

5 400
5 200
5 000
4 800
4 600
4 400
4 200
4 000
3 800
3 600
3 400
3 200
3 000
öffentlich
private

hr in 1000 t.

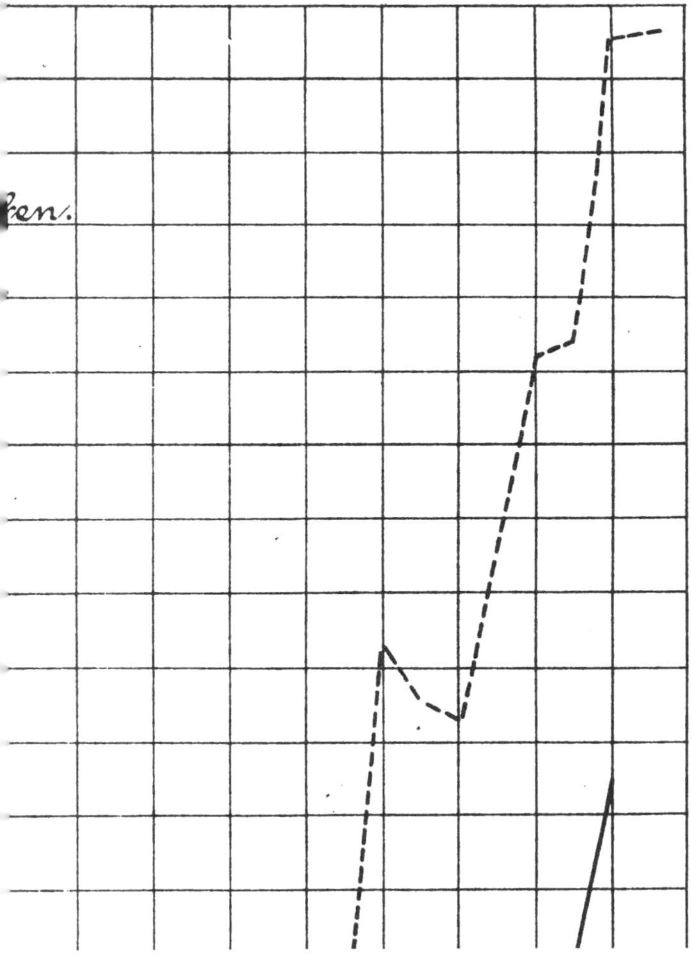

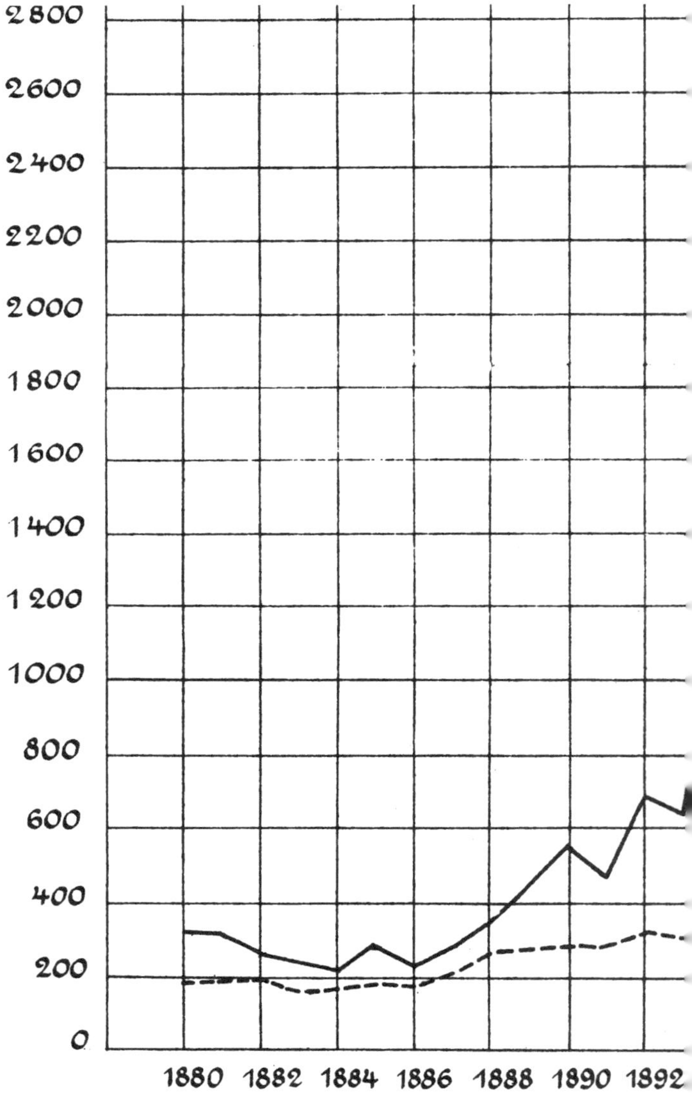

2800
2600
2400
2200
2000
1800
1600
1400
1200
1000
800
600
400
200
0
1880
1882
1884
1886
1888
1890
1892

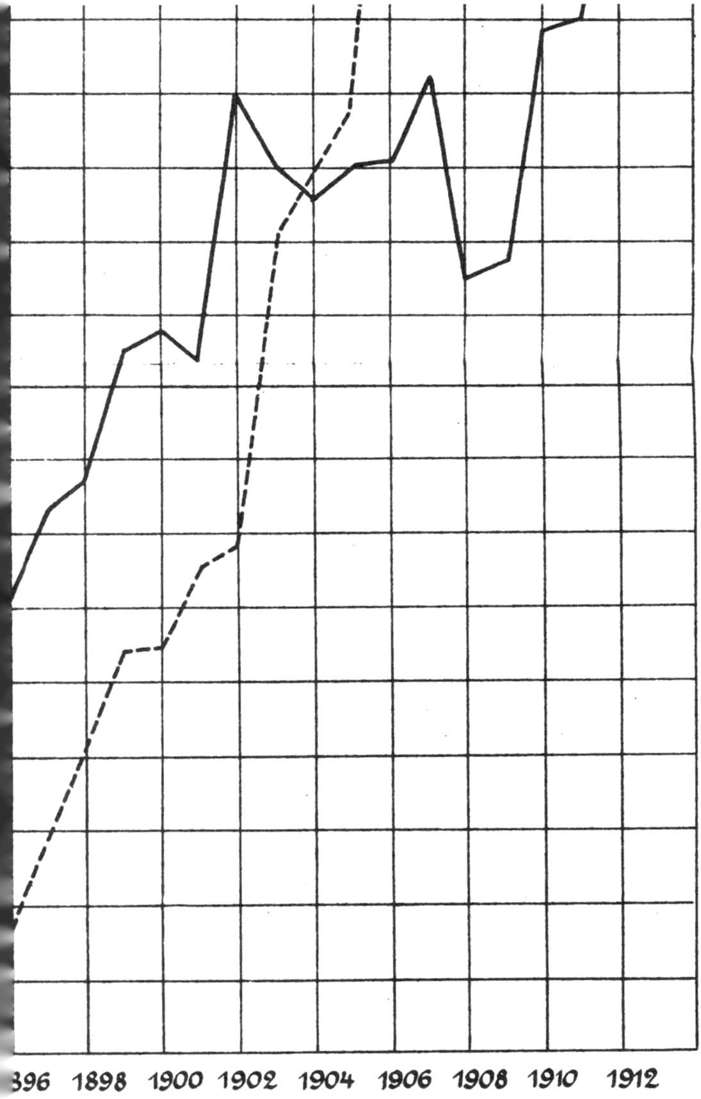

396
1898
1900
1902
1904
1906
1908
1910
1912

IV. Verkehr in Ro
in all

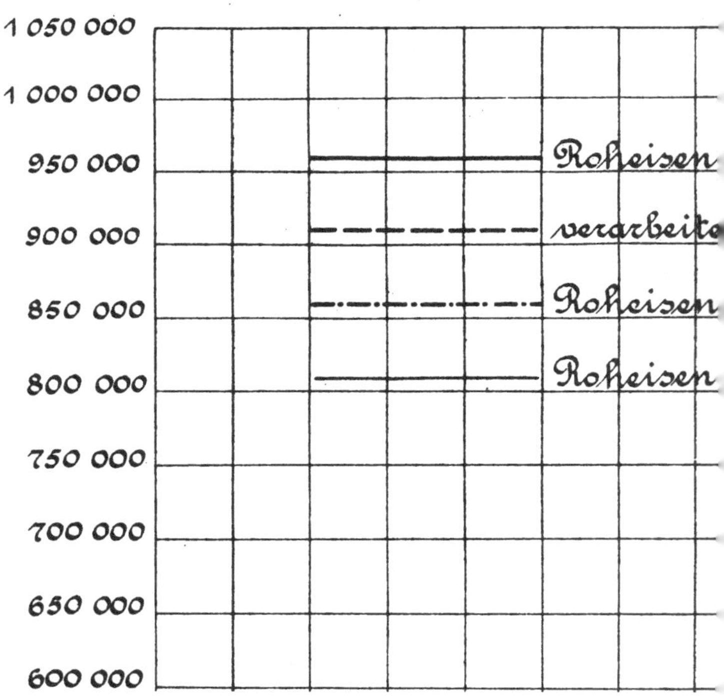

…en u. verarbeitetem Eisen
…häfen in t.

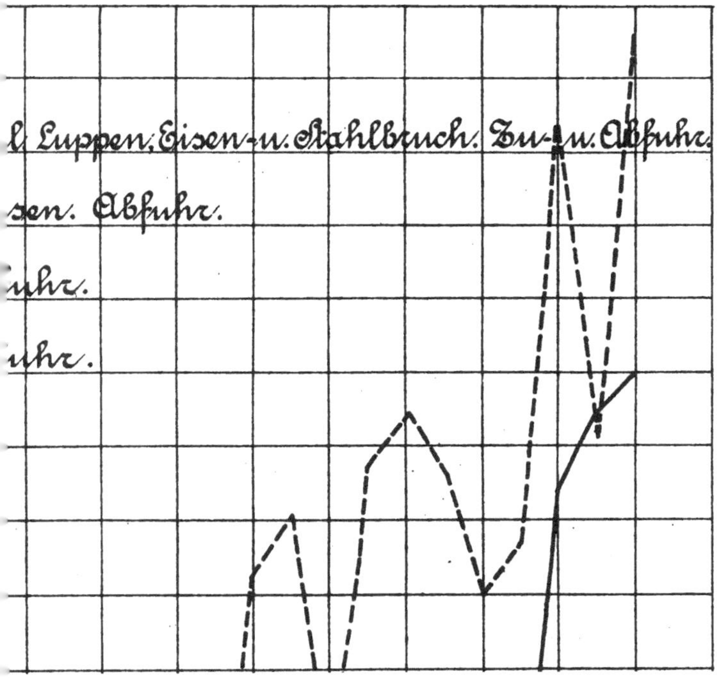

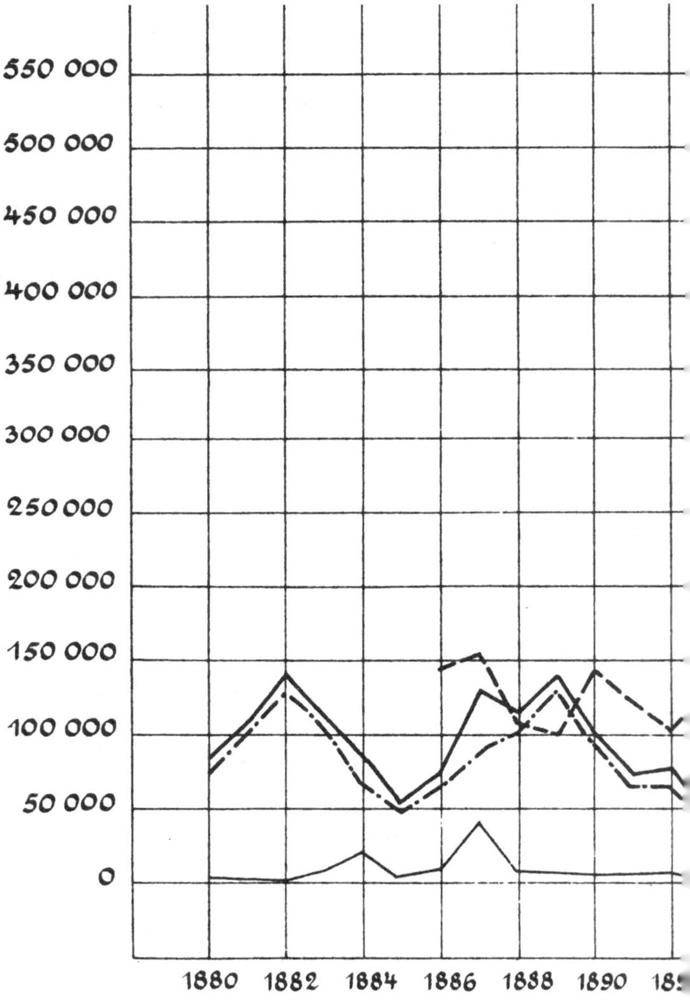
550 000
500 000
450 000
400 000
350 000
300 000
250 000
200 000
150 000
100 000
50 000
0
1880
1882
1884
1886
1888
1890

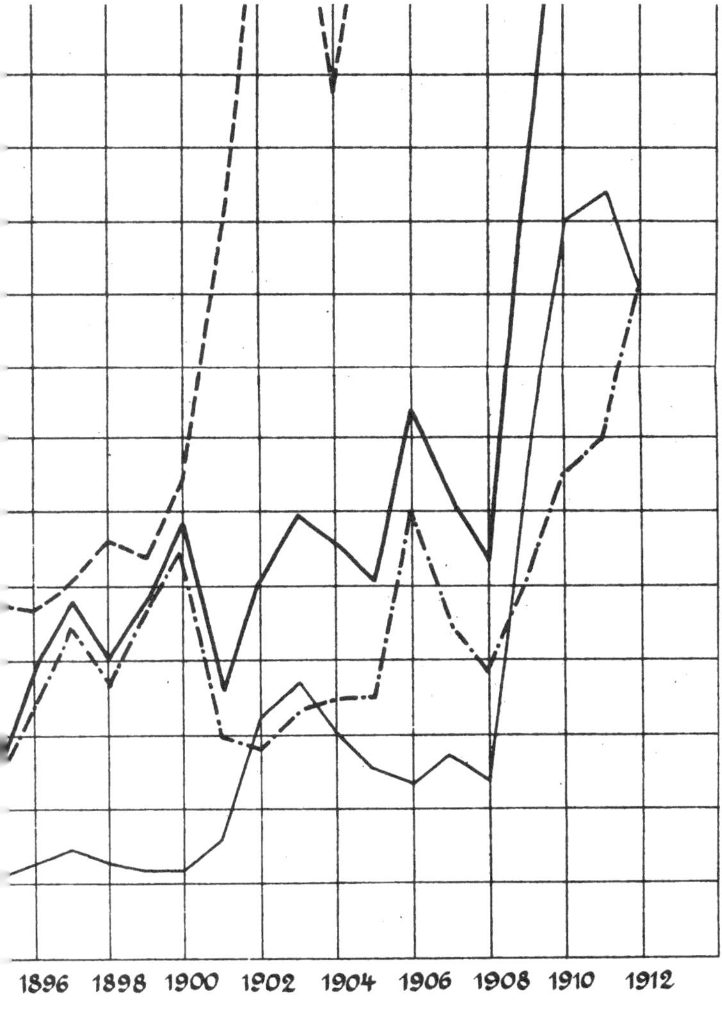
1896
1898
1900
1902
1904
1906
1908
1910
1912

V. Öffentliche

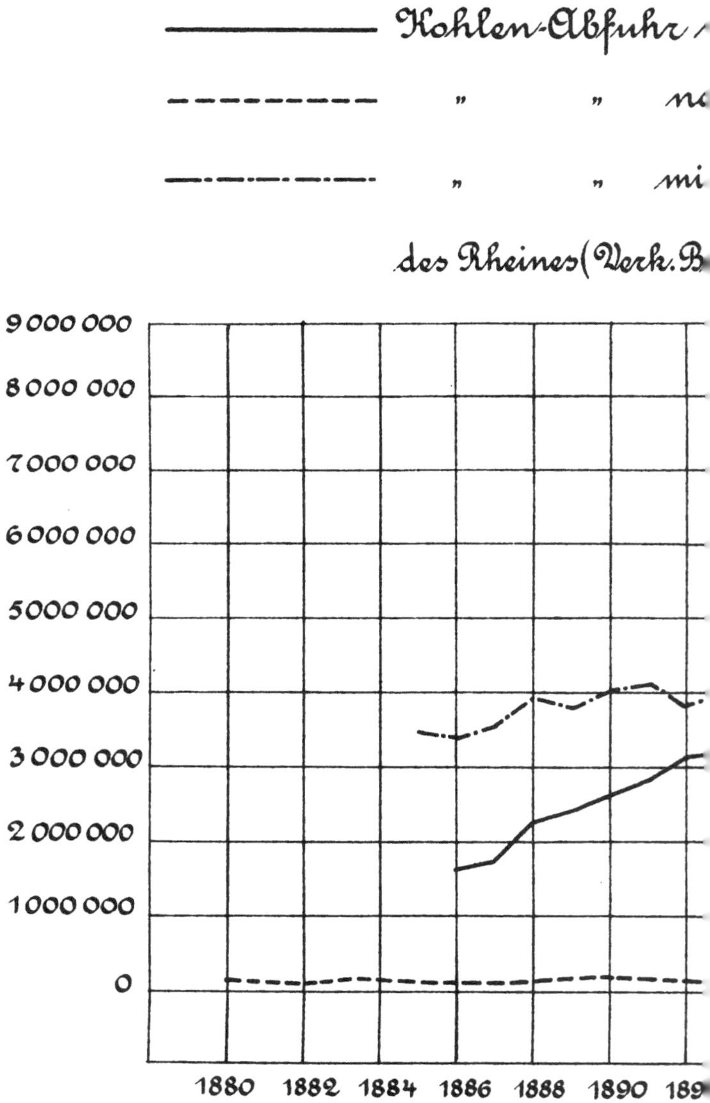

ivate Häfen in t.

. Oberrhein (Koblenz u. höher).

Mittelrhein (bis Koblenz).

enbahn nach Rheinland rechts u. links

26) aus Rheinland-Westfalen (Verk. Bez. 22 u. 23).

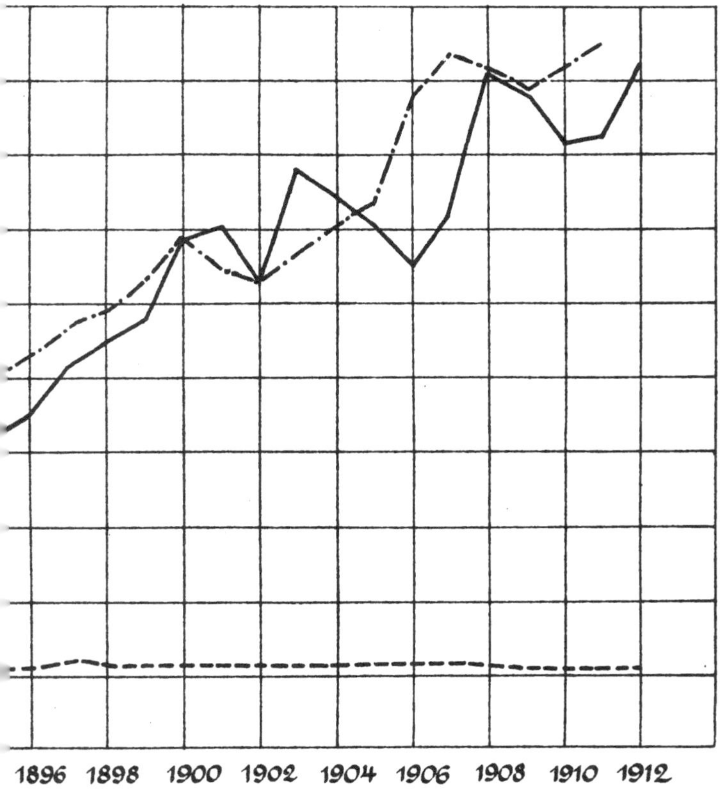

VI. Kohlen-Abfuhr in

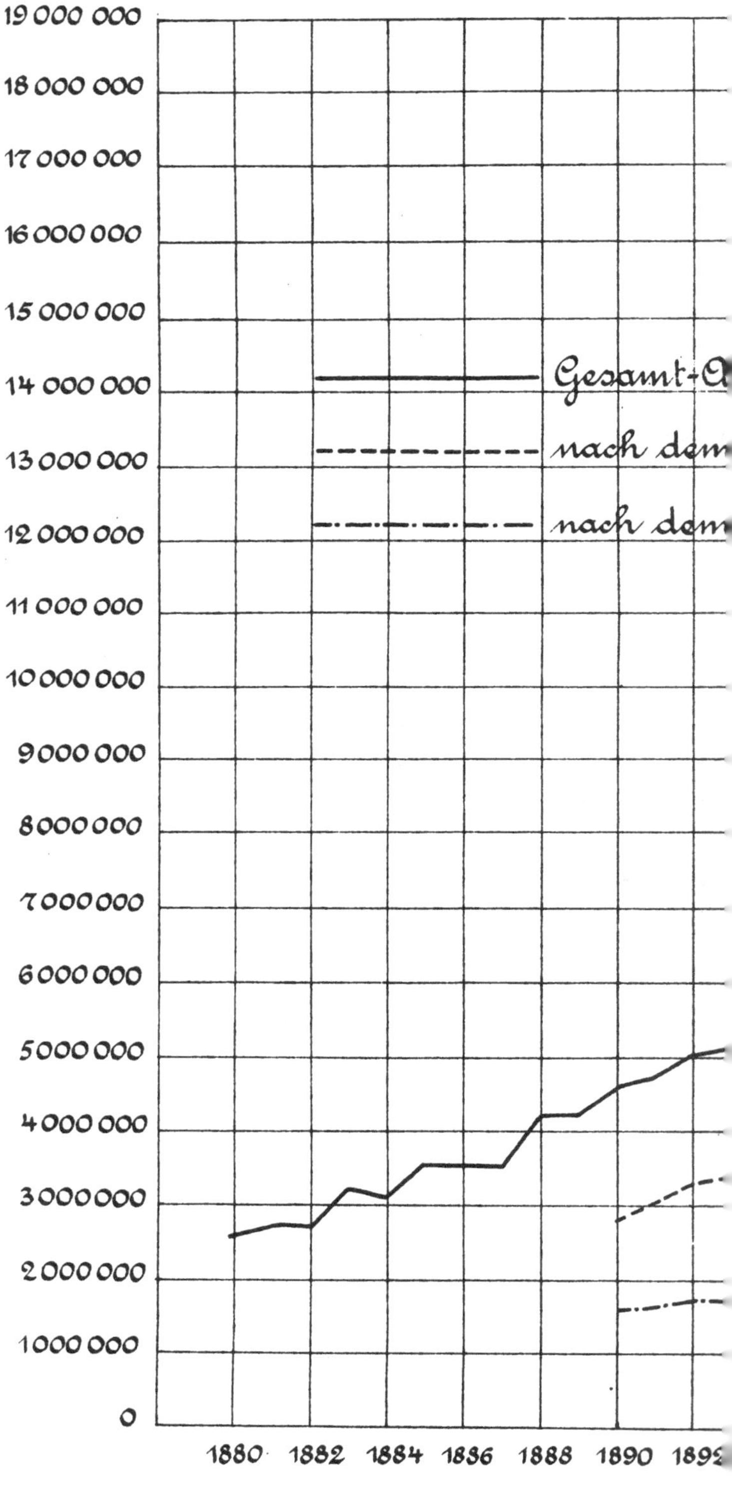

o d. öffentl. u. privaten Häfen.

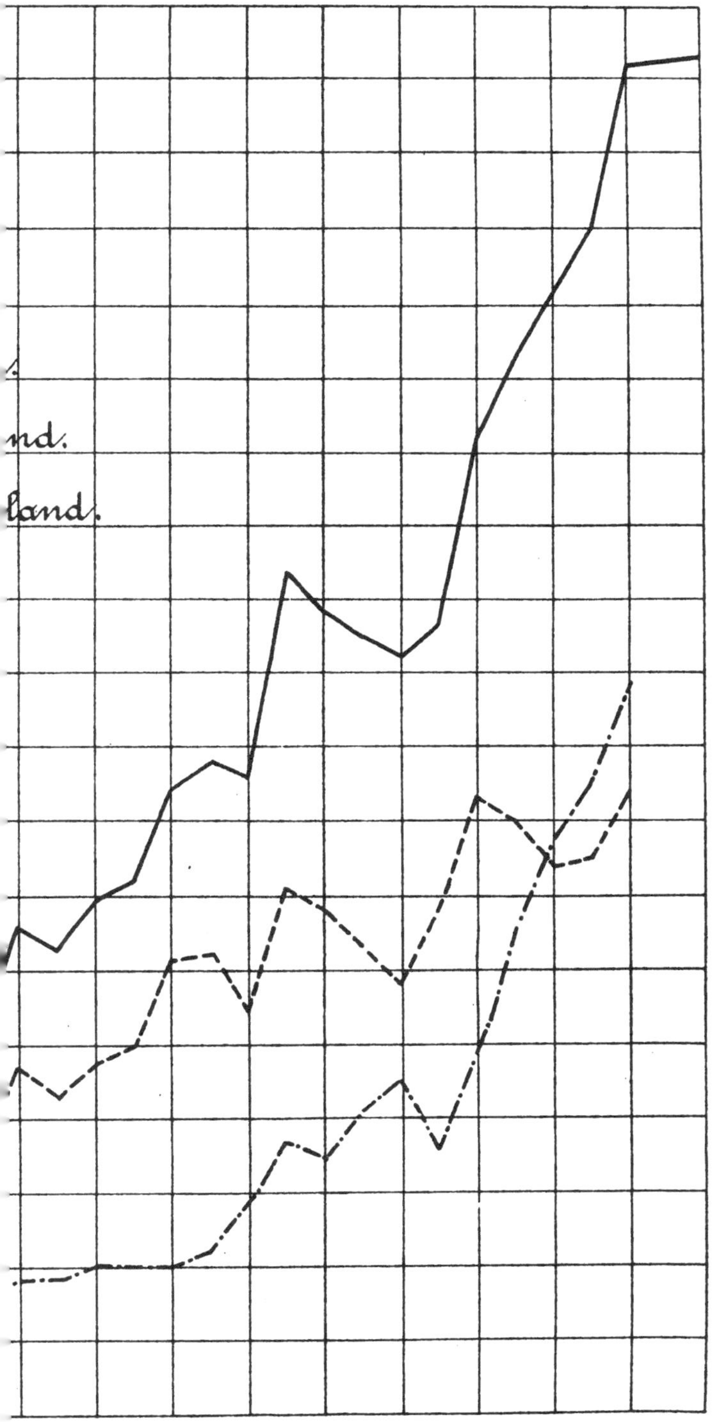

VII. Kohlen

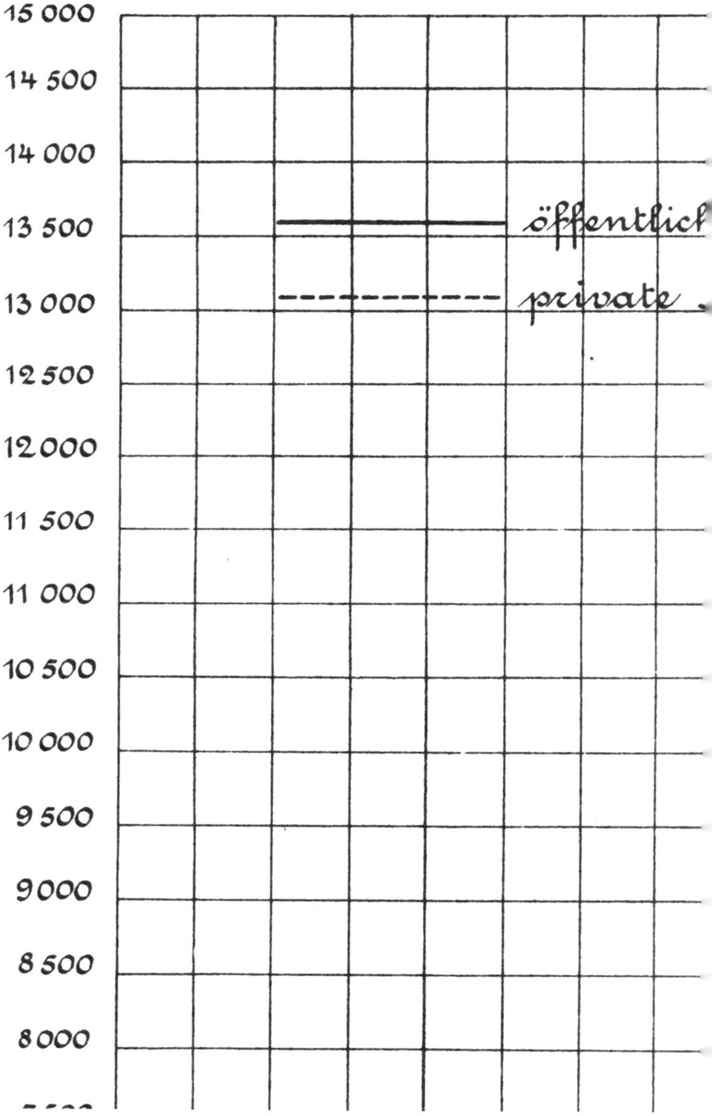

15 000
14 500
14 000
13 500
13 000
12 500
12 000
11 500
11 000
10 500
10 000
9 500
9000
8 500
8000
öffentlich
private

fuhr in 1000 t.

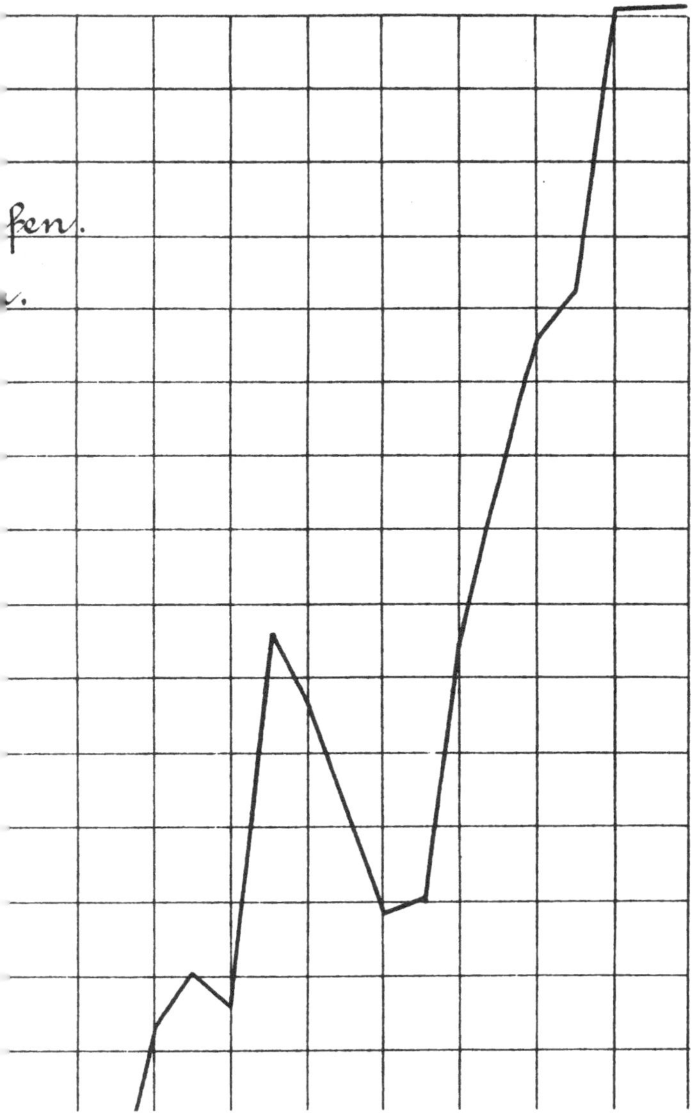

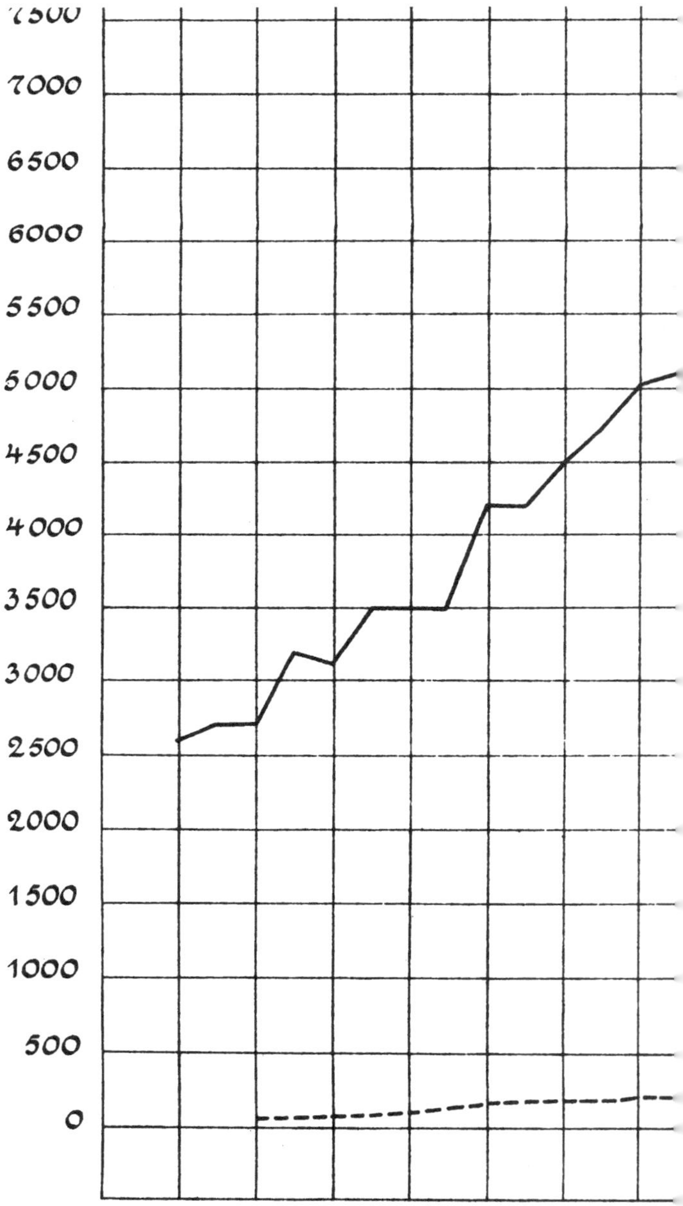

7500
7000
6500
6000
5500
5000
4500
4000
3500
3000
2500
2000
1500
1000
500
0
1880
1882
1884
1886
1888
1890
1892

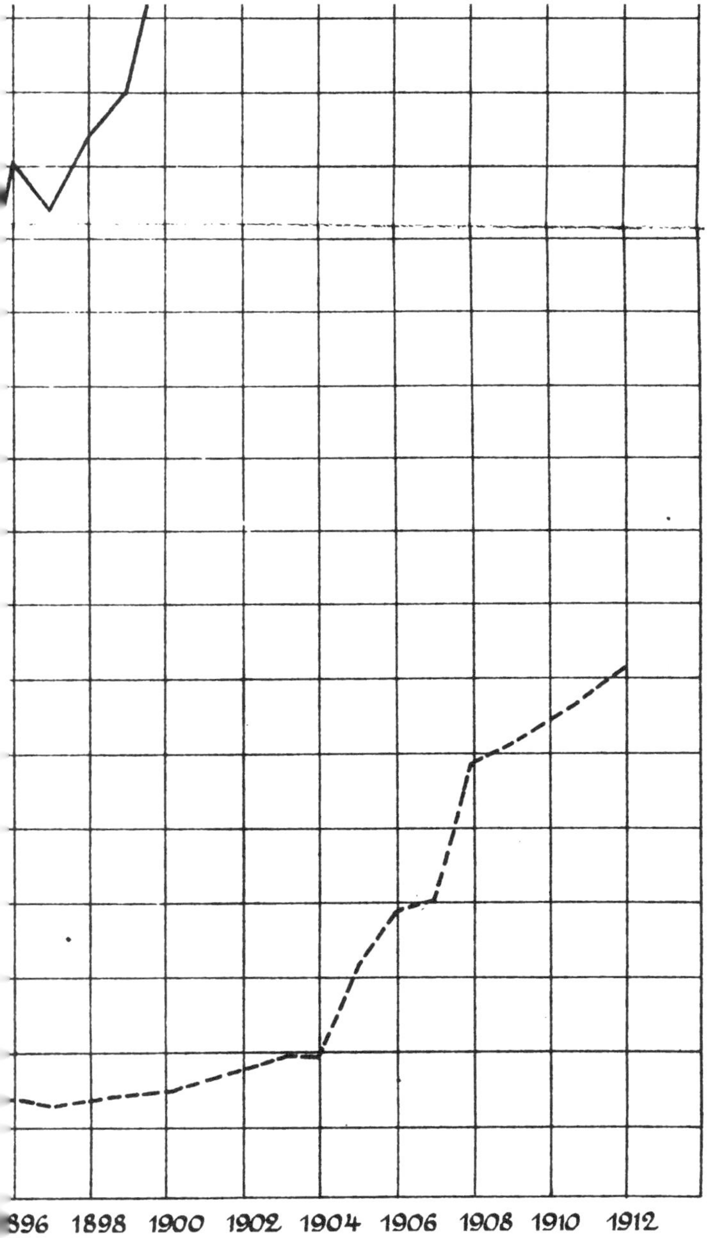

1896
1898
1900
1902
1904
1906
1908
1910
1912

VIII. Getreide-Zu
wichtigste

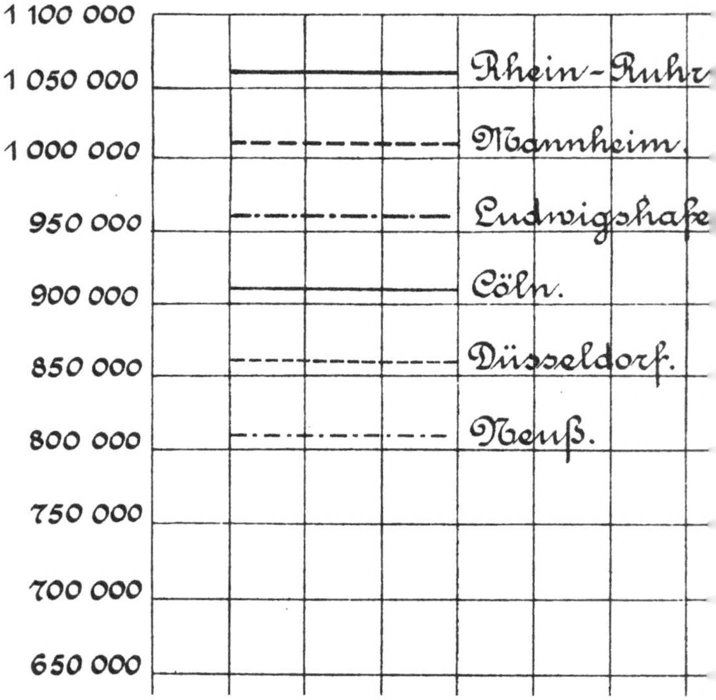

e zu Wasser in den
Rheinhäfen in t.

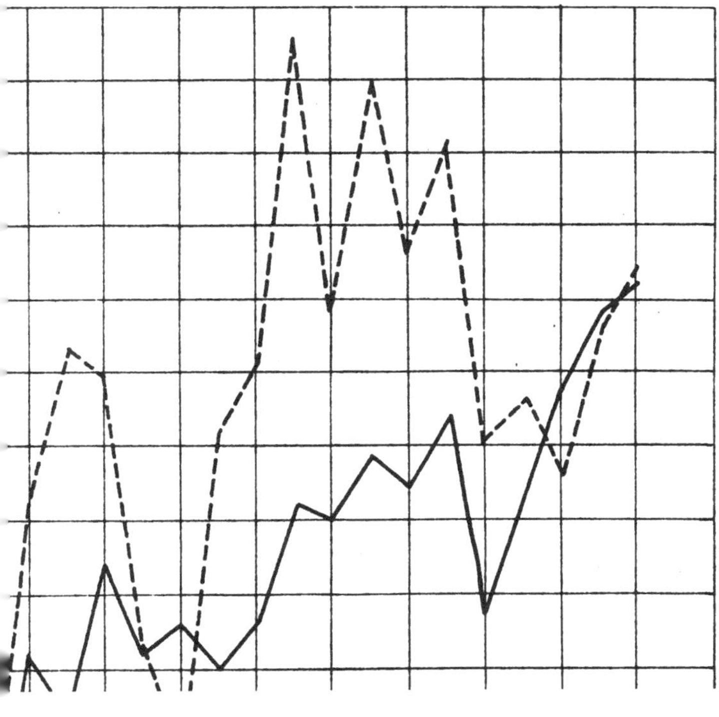

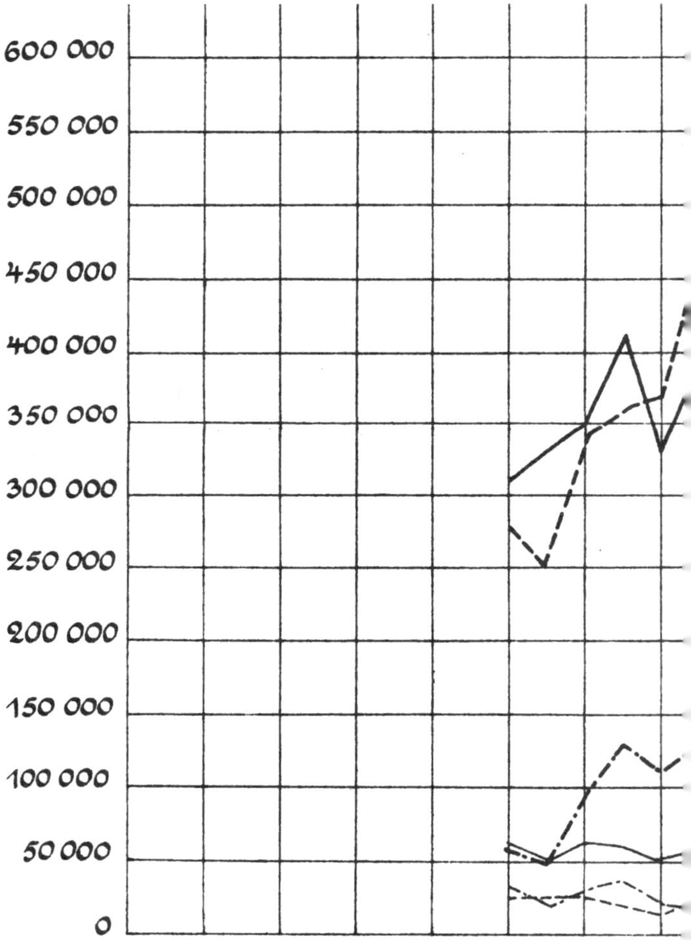

600 000
550 000
500 000
450 000
400 000
350 000
300 000
250 000
200 000
150 000
100 000
50 000
0
1880
1882
1884
1886
1888
1890

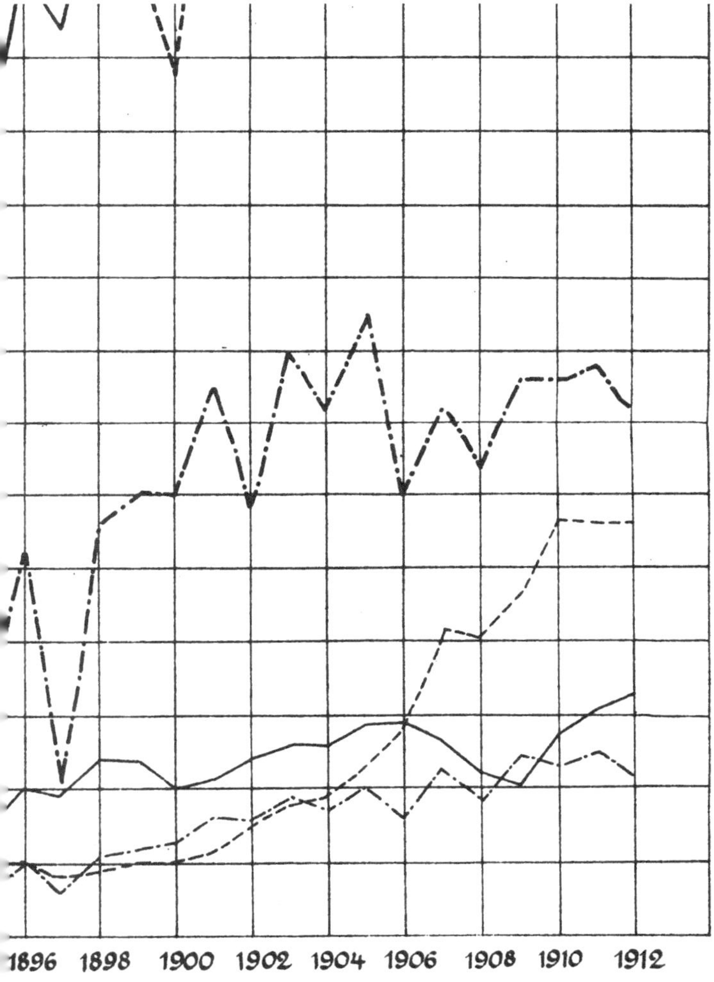
1896 1898 1900 1902 1904 1906 1908 1910 1912

IX. Zufuh

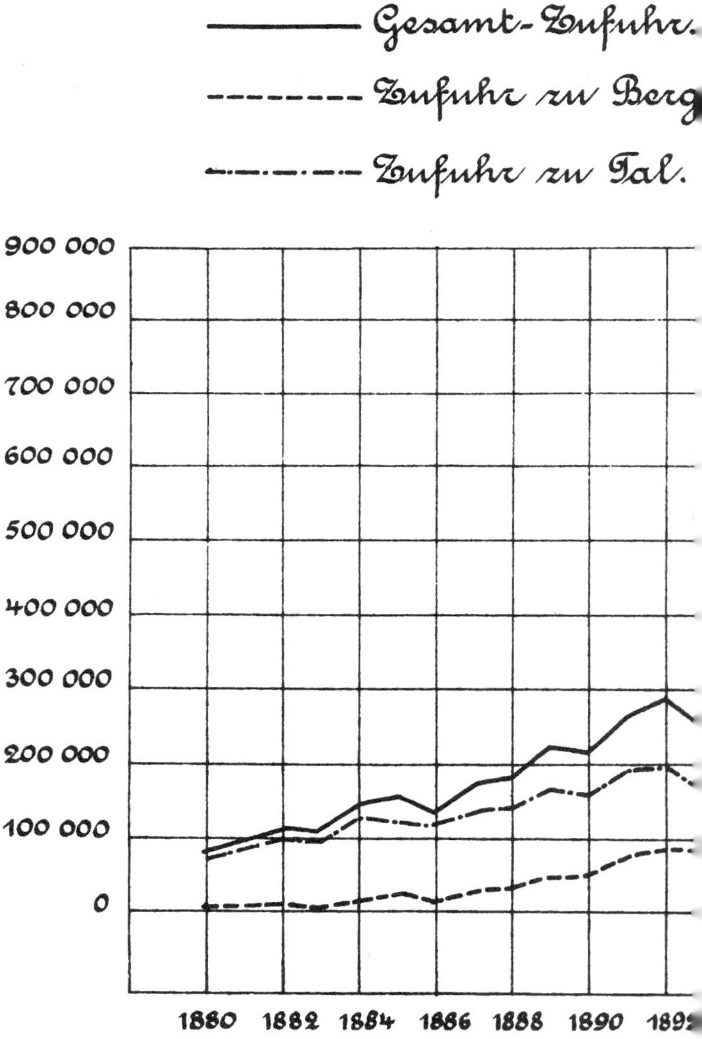

Gesamt-Zufuhr.
Zufuhr zu Berg
Zufuhr zu Tal.
900 000
800 000
700 000
600 000
500 000
400 000
300 000
200 000
100 000
0
1880
1882
1884
1886
1888
1890

n Holz in t.

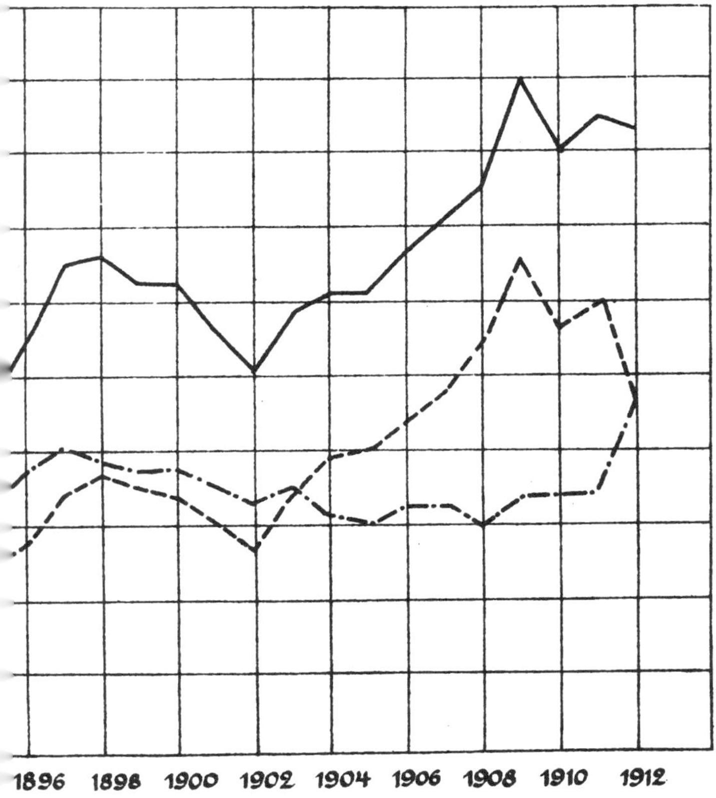

des Ruhrhafengebietes, sowie

wichtigsten Jndustriewerke.

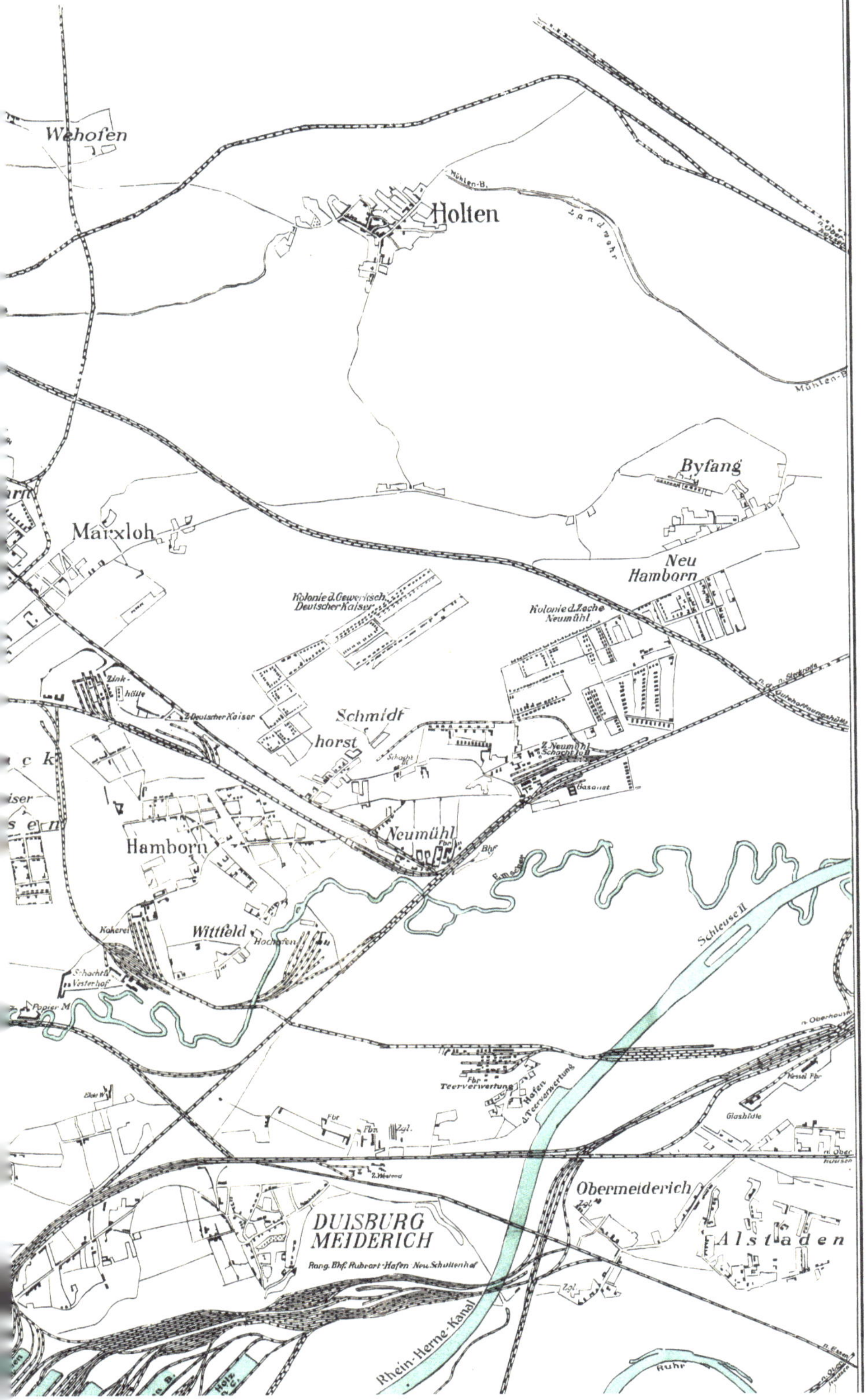

Hochheide
Kol. Hoch heide
Z. Rheinpreußen
Schacht 3
Essenberger - Rheinufer
Essenberg
Gewerkschaft Diergardt
Hafen Diergardt
Asterlagen
Oestrum
Hoch-Emmerich
Werthhausen
Bergheim
Kol. Margarethenhof
Rheinhausen
Schwarzenberg
Atrop
Krupp'sche Werke
Hafen Friedrich-Alfredhütte
Homberg
Neuenkamp
Schacht Java
Alter Hafen
Spedition
Kohlen
Parallel-Hafen
Petroleum
Brückenbau Anst.
Vulkan
Kupferhütte
Walzw.
Kupfer-Messing
Rheinhausen
Rumeln
Mühlenberg
Optegeist
Bliersheim
Friemersheim
Friemersheim
Rangier Bhf. Hohenbudberg
Duisburger - Ladeufer
A.G. Augsburg-Nürnberg
Chem. Fb.
A.G. Schultz-Knaudt
hausen
RHEIN
private Häfen und Ladestellen
Druck: CARL PFUHL, G.m.b.H. CÖLN

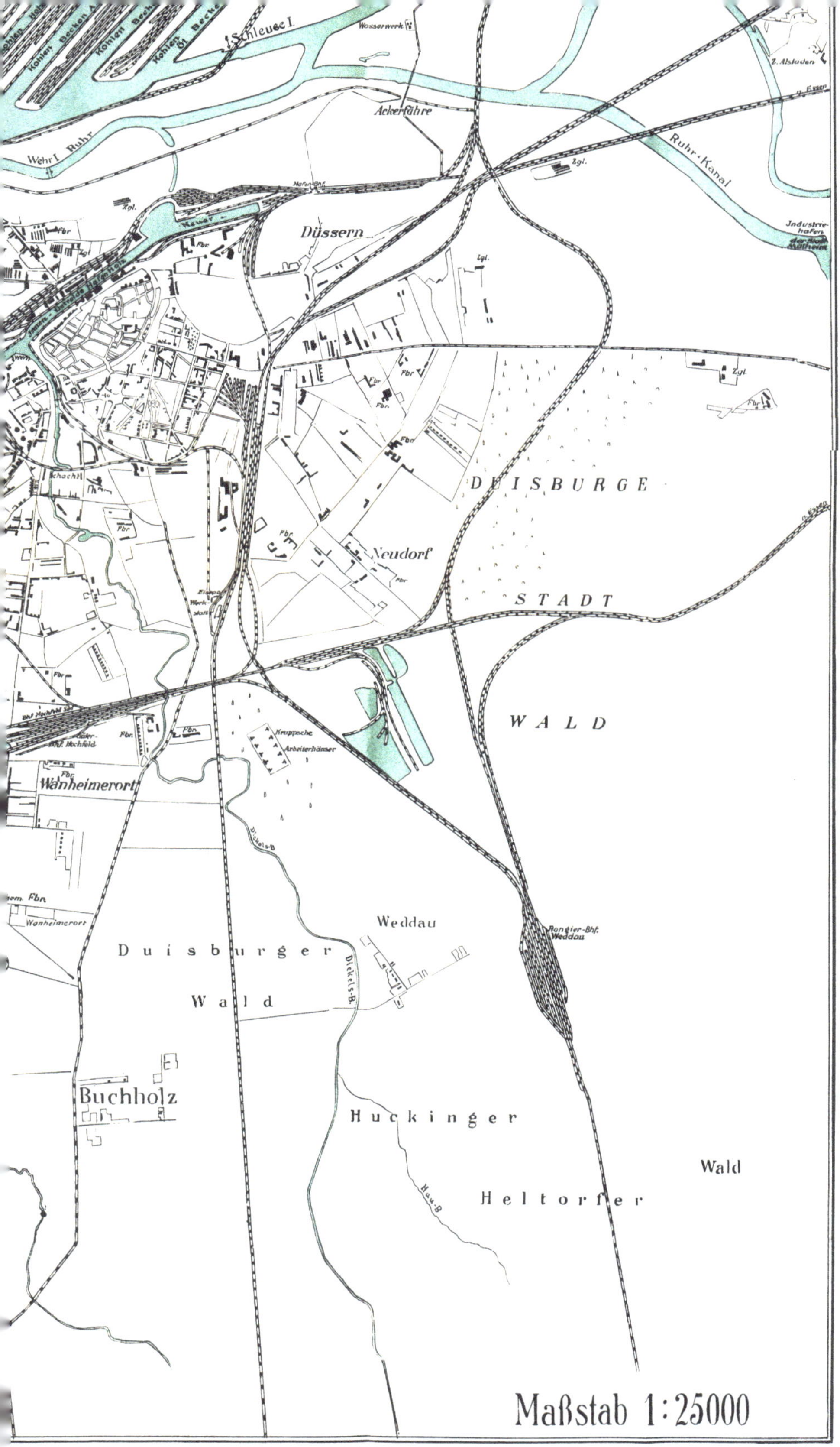
Schleuse I.
Wasserwerk
Wehr I.
Ruhr
Ackerfähre
Ruhr-Kanal
Z. Alstaden
n. Essen
Industriehafen der Stadt Mülheim
Zgl.
Hafen-Bhf.
Düssern
Fbr
Schacht
DUISBURGER
STADT
WALD
Neudorf
Kruppsche Arbeiterhäuser
Wanheimerort
Dickels-B.
Weddau
Rangier-Bhf. Weddau
Duisburger
Wald
Buchholz
Huckinger
Heltorfer
Wald
Maßstab 1:25000

FSC
www.fsc.org
MIX
Papier | Fördert
gute Waldnutzung
FSC® C083411

Kolibri 360 GmbH
Ferdinand-Jühlke-Straße 7
99095 Erfurt, Deutschland
produktsicherheit@kolibri360.de